Пекло

Доктор Джерок Лі

1 Велика кількість душ, які не отримали спасіння, мучаться від жахливих катувань. Кров тонкою цівкою тече з них, утворюючи широку ріку.

2 Огидні і потворні посланці пекла мають обличчя, схожі на людські, або морди потворних нечистих тварин.

3 На берегах кривавої ріки мучаться багато дітей від 6 років до підліткового віку. Відповідно до тяжкості гріхів їхні тіла глибоко занурені у болоті поблизу кривавої ріки.

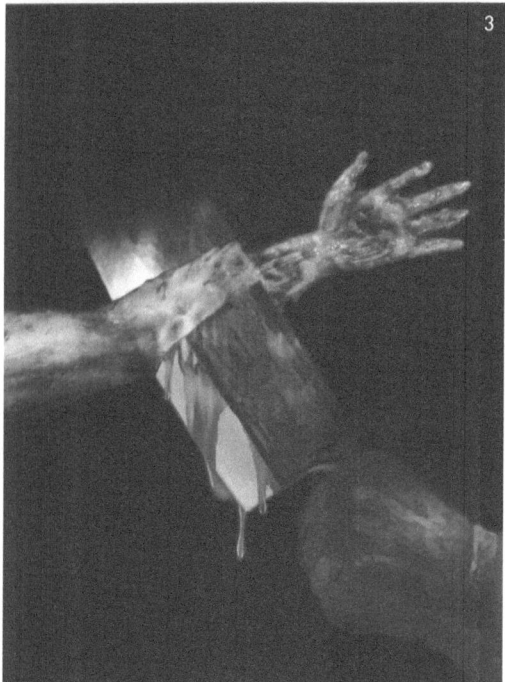

1 У смердючому ставку безліч жахливих комах, які відкушують маленькі шматочки тіла душ, ув'язнених там. Комахи проколюють їхні тіла знизу вверх і прокушують черево.

2,3 Від малого кинджалу до сокири: огидні і потворні посланці пекла, схожі на свиней, готують різні знаряддя катувань. Посланець пекла ріже тонкими скибочками тіло душі, прив'язаної до дерева.

Палаючий вогняний казан із жахливим смородом і пінистою киплячою рідиною. Душі смертників, які були чоловіком і дружиною, по черзі занурюють у казан. Поки одна душа мучиться, інша благає, щоби покарання її чоловіка або його дружини тривало довше.

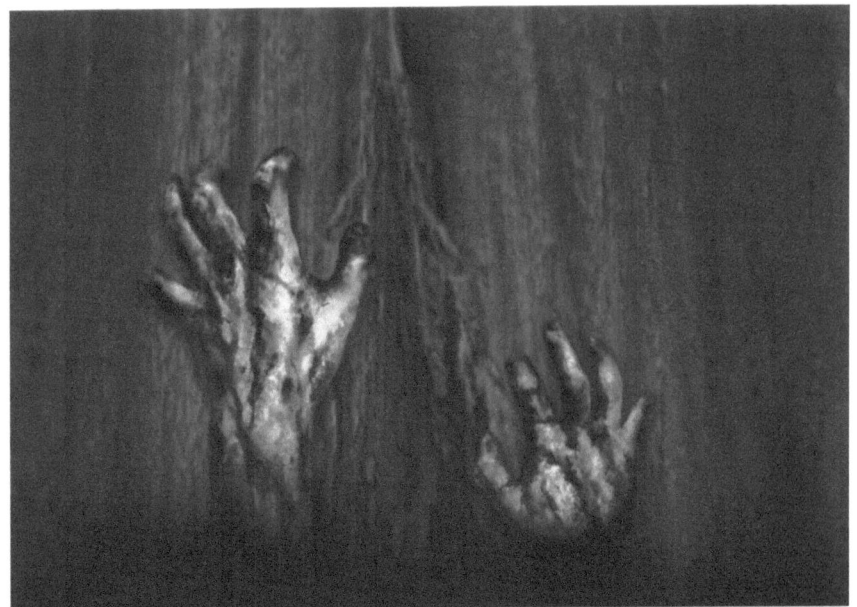

Широко відкривши паші, вишкіривши гострі зуби, величезна кількість крихітних комах женеться за душами, які вилазять на стрімку скелю. Комахи миттєво обліплюють нажахані душі, і ті падають на землю.

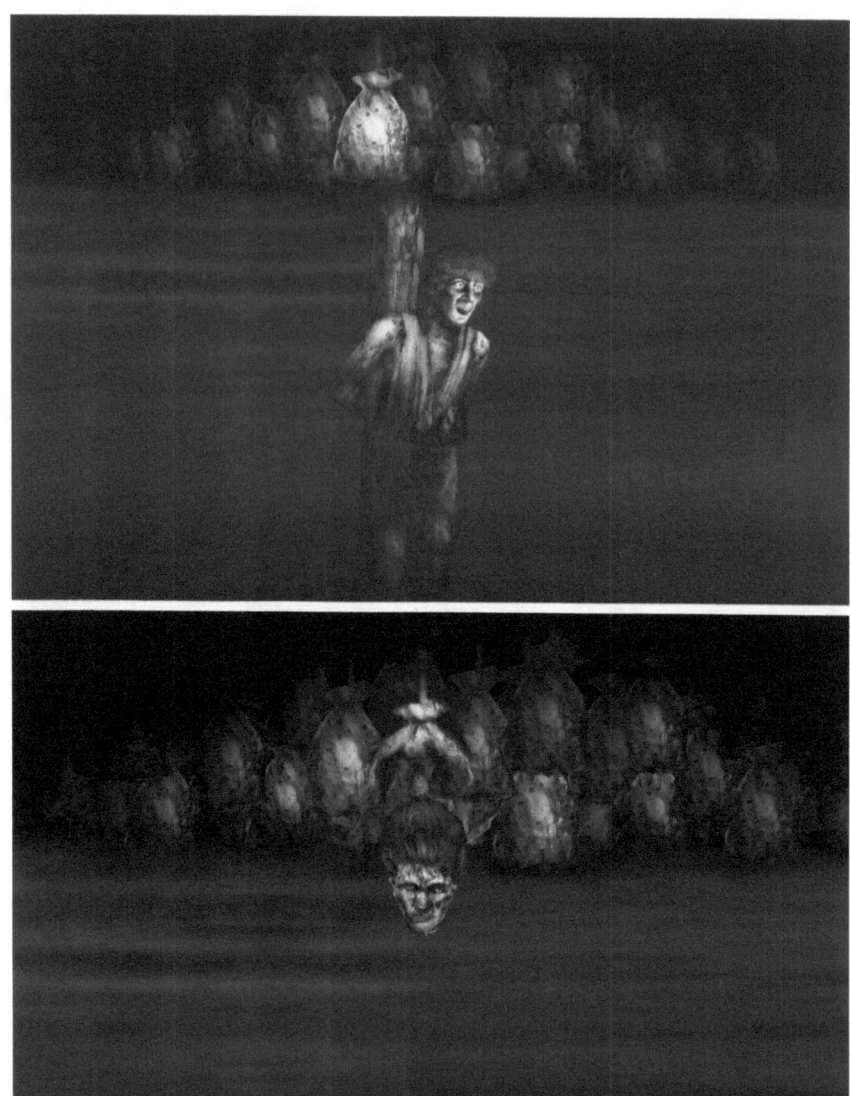

Велика кількість жахливих чорних отруйних голів переслідує того, хто чинив опір Богові. Вони кусають бунтівника, упиваючись у тіло гострими зубами. Душа мучиться набагато більше, ніж коли комахи відкушують тіло маленькими шматочками, або коли звірі розривають його на шматки.

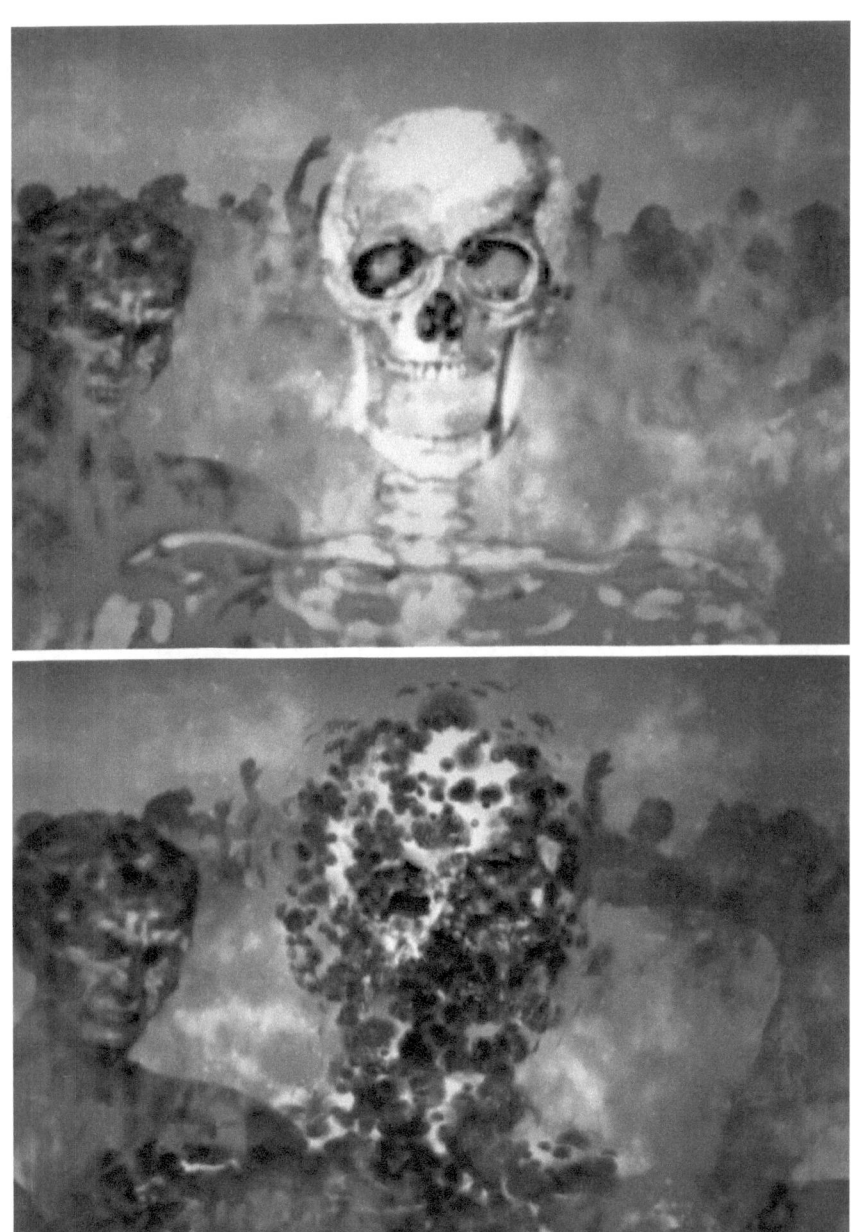

Душі, які кинуті в озеро огняне, голосно кричать від болю. Очі наливаються кров'ю. Їхній блиск стає жахливим. Голови лопаються, і з них фонтаном б'є рідина.

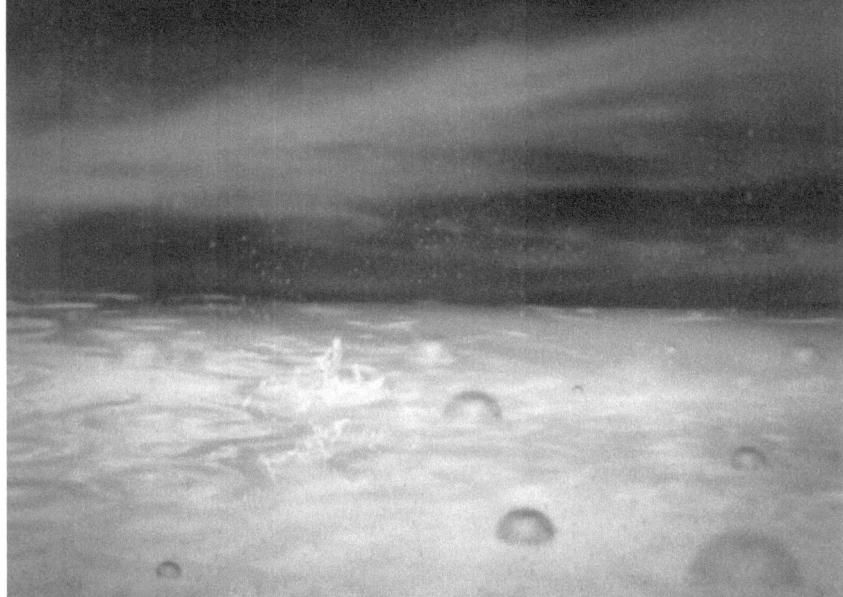

Якщо людина вип'є розплавлене залізо із доменної печі, її внутрішні органи згорять. Душі, які кинуті в озеро палаючої сірки, не можуть стогнати або думати, вони просто задихаються від болю.

Та ось сталось, що вбогий умер,
і на Авраамове лоно віднесли його Анголи.
Умер же й багатий, і його поховали.
І, терплячи муки в аду, звів він очі свої,
та й побачив здаля Авраама та Лазаря на лоні його.
І він закричав та сказав: Змилуйся, отче Аврааме,
надо мною, і пошли мені Лазаря,
нехай умочить у воду кінця свого пальця,
і мого язика прохолодить, бо я мучуся в полум'ї цім!...
Авраам же промовив: Згадай, сину,
що ти вже прийняв за життя свого добре своє,
а Лазар так само лихе; тепер він тут тішиться,
а ти мучишся. А крім того всього,
поміж нами та вами велика безодня поставлена,
так що ті, що хочуть, переходити не можуть ізвідси до вас,
ані не переходять ізвідти до нас.
А він відказав: Отож, отче, благаю тебе,
щоб його ти послав у дім батька мого,
бо п'ятьох братів маю, хай він їм засвідчить,
щоб і вони не прийшли на це місце страждання!
Авраам же сказав: Вони мають Мойсея й Пророків,
нехай слухають їх! А він відказав:
Ні ж бо, отче Аврааме,
але коли прийде хто з мертвих до них, то покаються.
Йому ж він відказав:
Як Мойсея й Пророків не слухають,
то коли хто й із мертвих воскресне, не йнятимуть віри!

Від Луки 16:22-31

Пекло

Доктор Джерок Лі

«[У пеклі] їхній червяк не вмирає, і не гасне огонь.
Бо посолиться кожен огнем».
(Євангеліє від Марка 9:48-49)

Пекло

Доктор Джерок Лі

Пекло, автор доктор Джерок Лі
Опубліковано видавництвом Урім Букс (Представник: Seongnam Vin)
73, Шіндебанзі 22, Донгйак Гу, Сеул, Корея
www.urimbooks.com

Авторські права заявлені. Цю книжку або будь-які уривки з неї забороняється відтворювати у будь-якій формі, зберігати у системі комп'ютера, зберігати у будь-якій формі та будь-яким способом: електронним, механічним, робити фотокопії, переписувати або користуватися для цього іншим способом без попереднього письмового дозволу видавця.

Якщо не написано інше, всі цитати із Біблії взяті з Біблії перекладу І.Огієнка.

Авторське право © 2015 Автор: Доктор Джерок Лі
ISBN: 979-11-263-0024-2   03230
Авторське право перекладу © 2011 Доктор Естер К. Чан. Використовується за дозволом.

Раніше видано корейською мовою видавництвом «Урім букс» у 2002 році у м. Сеул, Корея

Перше видання: Грудні 2015

Редактор: Доктор Геумсун Він
Підготовано до друку редакційним бюро Урім Букс
Надруковано компанією «Євон Прінтін»
Для більш докладної інформації звертайтеся: urimbook@hotmail.com

Передмова

Сподіваюся, що ця книжка стане хлібом життя, та приведе численну кількість душ у прекрасні небеса, дозволивши їм зрозуміти любов Бога, Котрий бажає, щоби всі люди отримали спасіння...

Сьогодні, чуючи про існування небес та пекла, більшість людей заперечує: «Чи можу я повірити у таке у час наукового прогресу?», «Чи були ви коли-небудь на небесах або у пеклі?», або говорять: «Ви дізнаєтеся про все це лише після смерті».

Ви повинні знати заздалегідь про існування життя після смерті. Про це буде запізно думати, коли ви зробите свій останній подих. Після цього ви вже не матимете шансів заново прожити своє життя. На вас чекатиме тільки Божий суд, завдяки якому ви зможете зібрати те, що посіяли у цьому світі.

Через Біблію Бог відкрив для нас шлях спасіння, існування небес і пекла, а також суду, який відбудеться у відповідності до Слова Божого. Бог явив прекрасні справи Своєї могутності через багатьох пророків Старого Заповіту, а також через Ісуса.

Навіть у наш час Бог доводить, що Він живий, що Біблія – істинна, являючи чудеса, знамення та інші прекрасні справи Своєї могутності, що записані у Біблії, через Своїх найвідданіших та найвірніших служителів. Однак, незважаючи на багаті докази Його роботи, існують люди, які не вірять в Бога. Тому Бог показав Своїм дітям небеса та пекло, заохотивши їх свідчити про побачене всьому світові.

Бог любові детально показав небеса і пекло також для мене, спонукаючи розповсюджувати звістку по всьому світові, оскільки Друге пришестя Ісуса Христа дуже близько.

Коли я говорив про сумні та відразливі події, що відбуваються у Нижньому шеолі, що у пеклі, я бачив що більшість членів моєї громади тремтіла від горя та заливалася сльозами, думаючи про душі тих, хто підпав під жахливі та жорстокі покарання у Нижньому шеолі.

Ті, хто не отримали спасіння, перебуватимуть у Нижньому шеолі тільки до суду великого білого престолу. Після суду душі, які не отримали спасіння, впадуть або в огняне озеро, або в озеро, що горить сіркою. Покарання в огняному озері, або в озері, що горить сіркою, набагато суворіше, ніж покарання у Нижньому шеолі.

Передмова

Я пишу про те, що Бог відкрив мені через Святого Духа, засновуючись на Божому Слові – Біблії. Цю книгу можна назвати посланням щирої любові від нашого Бога-Отця, Котрий хоче спасти якнайбільше людей від гріха, дозволяючи їм дізнатися заздалегідь про вічне страждання у пеклі.

Бог віддав Свого Єдиного Сина на хресну смерть для спасіння всього людства. Він також бажає, щоби жодна душа не потрапила до страшного пекла. Бог вважає, що одна душа цінніша за весь світ. Тому Він дуже радіє та святкує подію з небесним воїнством та ангелами, коли людина отримує спасіння через віру.

Я вдячний Богові та віддаю Йому всю славу за те, що Він дозволив мені видати цю книжку. Сподіваюся, що ви зрозумієте сутність Бога, Котрий бажає, щоби жодна душа не потрапила в пекло, та що ви здобудете істинну віру. Крім того, я спонукаю, щоби ви старанно проголошували Євангеліє для всіх душ, котрі прямують до пекла.

Я також вдячний видавництву Урім Букс (Urim Books) та його працівникам, а також Геумсун Він, директору редакційного бюро. Сподіваюся, що всі читачі чітко зрозуміють факт існування вічного життя після смерті та суду і отримають істинне спасіння.

Джерок Лі

Вступ

Молюся за те, щоби незчисленні душі зрозуміли страждання пекла, розкаялися, повернулися від дороги смерті та отримали спасіння...

Святий Дух надихнув преподобного доктора Джерок Лі, старшого пастора церкви Манмін Джун-ан, дізнатися про життя після смерті та жахливе пекло. Ми упорядкували його розповіді і сьогодні видаємо книжку *«Пекло»*, щоби незчисленна кількість людей змогла отримати ясні і точні знання про пекло. Всю подяку і славу я складаю Богу.

Багато людей сьогодні цікавляться питаннями життя і смерті, але неможливо отримати якісь відповіді, використовуючи при цьому свої обмежені здібності. Ця книжка яскраво та вичерпно розповідає про пекло, про яке частково було відкрито для нас у Біблії. Книжка *«Пекло»* складається з дев'яти розділів.

Розділ 1 «Чи існують насправді небеса і пекло?» подає загальну картину небес та пекла. За допомогою притчі про багатія та вбогого Лазаря, записаної у Євангелії від Луки 16, подається опис Верхнього шеолу, місця, де очікують душі, які отримали спасіння із часів Старого Заповіту, та Нижнього шеолу, місця, де страждають душі, які не отримали спасіння, очікуючи великого суду.

У розділі 2 «Шлях спасіння для тих, хто ніколи не чув Євангелія» розглядається суд совісті. Також розглядаються спеціальні критерії суду для багатьох випадків: ненароджені діти, що загинули внаслідок абортів, або викидні, діти віком від народження до п'яти років, діти від шести до дванадцяти років.

Розділ 3 «Нижній шеол та справжність посланців пекла» детально розповідає про місце очікування, що знаходиться у Нижньому шеолі. Люди після смерті перебувають у місці очікування, що у Нижньому шеолі, на протязі трьох днів, а потім відсилаються у різні місця Нижнього шеолу, відповідно до ступеню тяжкості скоєних гріхів, і зазнають там жорстоких катувань до суду великого білого престолу. Пояснюється справжність злих духів, що керують Нижнім шеолом.

Розділ 4 «Покарання у Нижньому шеолі для дітей, що не отримали спасіння» свідчить про те, що навіть деякі незрілі діти, які не можуть відрізнити правильне від неправильного, не отримають спасіння. Різноманітні покарання, що накладаються на дітей, розподіляються за віковими

Пекло

категоріями: покарання ембріонів, немовлят, дітей віком від одного до двох з половиною років, дітей віком від трьох до п'яти років та дітей віком від шести до дванадцяти років.

Розділ 5 «Покарання для людей, які помирають після набуття статевої зрілості» розповідає про покарання для людей, старших підліткового віку. Покарання для всіх, чий вік перебільшує тринадцять років, поділяється на чотири рівні відповідно до тяжкості їхніх гріхів. Чим серйозніші людські гріхи, тим сильніше покарання вони отримують.

Розділ 6 «Покарання за зневажання Святого Духа» нагадує читачам про те, що відповідно до написаного у Біблії існують певні непробачні гріхи, в яких ви не можете покаятися. У цьому розділі також подаються детальні приклади різноманітних покарань.

Розділ 7 «Спасіння під час великого горя» попереджає, що ми живемо наприкінці віків, і Пришестя Господа дуже близько. Цей розділ детально пояснює, що відбудеться, коли прийде Христос, і що люди, які були забуті під час нещастя, можуть отримати спасіння тільки через мучеництво. Цей розділ також спонукає вас підготуватися як прекрасна наречена Господа Ісуса, щоби мати змогу прийняти участь у семирічному весільному святі, і не залишитися позаду після взяття живими на небо.

Розділ 8 «Покарання у пеклі після великого суду» розповідає про суд наприкінці тисячоліття, про те, як душі, котрі не отримали спасіння, будуть переведені до Нижнього шеолу, про різноманітні покарання, які будуть до них застосовуватися, та доля злих духів, а також їхнє покарання.

Розділ 9 «Чому Богу любові довелося приготувати пекло?» пояснює велику Божу любов, що переливається через край, яка проявилася через жертву Його єдиного Сина. В останньому розділі детально розповідається про те, чому Богу любові довелося створити пекло.

Книжка *«Пекло»* також спонукає вас зрозуміти любов Бога, Котрий бажає, щоби всі душі отримали спасіння та тримався напоготові, перебуваючи у вірі. Книжка *«Пекло»* завершується покликом навертати якнайбільше душ на шлях спасіння.

Бог сповнений милості, співчуття та любові. Сьогодні Бог, Котрий має серце отця, чекає на повернення Свого блудного сина. Він щиро чекає, щоби всі загублені душі позбулися гріхів і отримали спасіння.

Тому я щиро сподіваюся, що незчисленні душі по всьому світу зрозуміють, що страшне пекло дійсно існує, і скоро повернуться до Бога. Також в ім'я Ісуса Христа я молюся, щоби всі віруючі в Господа пильнували та були напоготові і приводили якомога більше людей на небеса.

Геумсун Він
Директор редакційного бюро

Зміст

Передмова

Вступ

Розділ 1 –
Чи існують насправді небеса і пекло? • 1

Небеса і пекло безперечно існують
Притча про багатія та вбогого Лазаря
Структура небес і пекла
Верхній шеол і рай
Нижній шеол, місце очікування по дорозі до пекла

Розділ 2 –
**Шлях спасіння для тих,
хто ніколи не чув Євангелія • 25**

Суд совісті
Діти, які не народилися внаслідок аборту або викидня
Діти віком від народження до п'яти років
Діти віком від шести до дванадцяти років
Чи отримали спасіння Адам і Єва?
Що сталося з першим вбивцею – Каїном?

Розділ 3 –

Нижній шеол та справжність посланців пекла • 59

Посланці пекла забирають людей у Нижній шеол
Місце очікування для царства злих духів
Різні покарання за різні гріхи у Нижньому шеолі
Люципер керує Нижнім шеолом
Справжність посланців пекла

Розділ 4 –

Покарання у Нижньому шеолі для дітей, що не отримали спасіння • 77

Ембріони і грудні діти
Діти віком від двох до трьох років
Діти, які вже навчилися ходити та розмовляти
Діти віком від шести до дванадцяти років
Молодь, яка насміхалася над пророком Єлисеєм

Розділ 5 –

**Покарання для людей,
які помирають після набуття статевої зрілості • 95**

Перший ступінь покарання
Другий ступінь покарання
Покарання фараона
Третій ступінь покарання
Покарання Понтія Пилата
Покарання Саула – першого царя Ізраїля
Четвертий ступінь – покарання Юди Іскаріотського

Розділ 6 –

Покарання за зневажання Святого Духа • 143

Страждання у казані з киплячою рідиною
Збирання по стрімкій скелі
Спалення рота розпеченим залізом
Неймовірно великі знаряддя катувань
Прив'язані до стовбура дерева

Розділ 7 –

Спасіння під час великого горя • 173

Пришестя Христа та взяття живим на небо
Сім років великого горя
Мучеництво під час великого горя
Друге пришестя Христа і тисячолітнє царство
Приготування для того, щоби стати прекрасною нареченною Господа

Розділ 8 –

Покарання у пеклі після великого суду • 199

Душі, які не отримали спасіння, після суду потрапляють у пекло
Вогняне озеро і озеро, що горить сіркою
Дехто залишається у Нижньому шеолі навіть після суду
Злі духи мають бути ув'язненими у безодні
Де закінчать своє існування демони?

Розділ 9 –

Чому Богу любові довелося приготувати пекло? • 235

Божа любов і терпіння
Чому Богу любові довелося приготувати пекло?
Бог бажає, щоби всі люди отримали спасіння
Сміливо поширюйте Євангеліє

Розділ 1

Чи існують насправді небеса і пекло?

Небеса і пекло безперечно існують

Притча про багатія та вбогого Лазаря

Структура небес і пекла

Верхній шеол і рай

Нижній шеол, місце очікування по дорозі до пекла

*А Він відповів і промовив:
Тому, що вам дано пізнати таємниці Царства
Небесного, їм же не дано.
- Від Матвія 13:11 -*

*І коли твоє око тебе спокушає, вибери його:
краще тобі однооким ввійти в Царство Боже,
ніж з обома очима бути вкиненому
до геєни огненної.
- Від Марка 9:47 -*

Більшість людей навкруг нас бояться смерті і живуть зі страхом, що втратять своє життя. Однак вони не шукають Бога, бо не вірять у життя після смерті. До того ж здається, що багато людей, які говорять, що мають віру у Христа, також не можуть жити у вірі. Через свою нерозсудливість люди сумніваються та не вірять у життя після смерті, незважаючи на те, що Бог вже показав нам у Біблії, що існує життя після смерті, небеса і пекло.

Життя після смерті – це невидимий духовний світ. Таким чином люди не можуть зрозуміти це, доки Бог не дозволить їм про це дізнатися. Як постійно повторюється у Біблії, небеса і пекло безсумнівно існують. Тому Бог показує небеса і пекло багатьом людям по всьому світу і дозволяє їм розповідати про них в усіх куточках землі.

«Небеса і пекло дійсно існують».

«Небеса – прекрасне та чарівне місце, а пекло – похмуре та страшне місце, яке ви не можете собі уявити. Я дуже наполягаю, щоби ви повірили в існування життя після смерті».

«Від вас залежить, підете ви на небеса, чи у пекло. Для того, щоби не потрапити у пекло, ви повинні негайно покаятися в усіх своїх гріхах і прийняти Ісуса Христа».

«Безсумнівно пекло існує. Там люди постійно страждають у вогні. Також істиною є те, що існують небеса. Небеса можуть стати вашою постійною домівкою».

Пекло

Бог любові розповідав мені про небеса, починаючи з травня 1984 року. Він також почав детально розповідати про пекло, починаючи з березня 2000 року. Він попросив мене, щоби я поділився своїми знаннями про небеса і пекло з усім світом, щоби жоден не був покараний у вогняному озері, або в озері, що горить сіркою.

Колись Бог показав мені душу, яка страждала і плакала, каючись, у Нижньому шеолі, де всі приречені на життя у пеклі чекають, терплячи передсмертні муки. Душа, яка відмовилася прийняти Господа, незважаючи на багато можливостей почути Євангеліє, зрештою після смерті потрапляє в пекло. Ось сповідь такої душі:

Я рахую дні.
Рахую, рахую, рахую,
але їм немає кінця.
Мені треба було спробувати прийняти Ісуса Христа,
Коли мені розповіли про Нього.
Що мені тепер робити?

Навіть якщо я розкаюсь тепер,
це буде зовсім марним.
Я не знаю, що тепер робити.
Я хочу уникнути цього страждання
Але я не знаю, що робити.

Я рахую один день, два дні, три дні.

Але навіть якщо я рахуватиму дні таким чином,
Я знаю, що це марно.
Моє серце розривається на шматки.
Що мені робити? Що робити?
Як мені звільнитися від цього страшного болю?
Що мені робити, бідна моя душа?
Як мені витерпіти це?

Небеса і пекло безперечно існують

У Посланні до євреїв 9:27 написано: *«І як людям призначено вмерти один раз, потім же суд»*. Всім чоловікам та жінкам належить померти. І після того, як вони зроблять свій останній подих, після суду вони увійдуть або у небеса, або у пекло.

Бог бажає, щоби всі потрапили на небеса, бо Він є любов. Бог приготував Ісуса Христа ще до початку часів і відкрив двері спасіння для людей, коли прийшов час. Бог не хоче, щоби якась душа потрапила до пекла.

У Посланні до римлян 5:7-8 говориться: *«Бо навряд чи помре хто за праведника, ще бо за доброго може хто й відважиться вмерти. А Бог доводить Свою любов до нас тим, що Христос умер за нас, коли ми були ще грішниками»*. Насправді Бог явив Свою любов до нас, віддавши Свого єдиного Сина, не пошкодувавши Ним.

Двері спасіння широко відкриті, так що кожен, хто

приймає Ісуса Христа як свого особистого спасителя, отримає спасіння і потрапить на небеса. Однак більшість людей не цікавиться небесами і пеклом, навіть якщо чують про них. Більше того, деякі з них навіть переслідують людей, які проповідують Євангеліє.

Найсумнішим є те, що люди, котрі заявляють, що вірять у Бога, все ще люблять світ і чинять гріхи, бо вони насправді не мають надії потрапити на небеса і не бояться бути вкиненими у пекло.

За допомогою Біблії та показань очевидців

Небеса та пекло знаходяться у духовному світі, який дійсно існує. У Біблії багато разів говориться про існування небес та пекла. Про це свідчать навіть ті люди, які побували на небесах, чи у пеклі. Наприклад у Біблії Бог розповідає нам, яким страшним місцем є пекло, щоби ми мали змогу отримати вічне життя на небесах і після смерті не потрапити у пекло.

> *«І коли рука твоя спокушає тебе, відітни її: краще тобі ввійти до життя одноруким, ніж з обома руками ввійти до геєнни, до огню невгасимого, де їхній червяк не вмирає, і не гасне огонь. І коли нога твоя спокушає тебе, відітни її: краще тобі ввійти до життя одноногим, ніж з обома ногами бути вкиненому до геєнни, до огню невгасимого, де їхній червяк не вмирає, і не гасне*

огонь. І коли твоє око тебе спокушає, вибери його: краще тобі однооким ввійти в Царство Боже, ніж з обома очима бути вкиненому до геєнни огненної, де їхній червяк не вмирає, і не гасне огонь! Бо посолиться кожен огнем, і кожна жертва посолиться сіллю» (Євангеліє від Марка 9:43-49).

Ті, хто були у пеклі, свідчать про те саме, про що говорить Біблія. У пеклі *«їхній червяк не вмирає, і не гасне огонь. Бо посолиться кожен огнем».*

Зрозуміло, що після смерті людина потрапить на небеса, або у пекло, як то написано у Біблії. Тому ви повинні увійти у небеса, живучи за Словом Божим, серцем віруючи в існування небес та пекла.

Ви не повинні плакати у муках сумління, як душа, про яку згадувалося вище, яка страждає без кінця у шеолі, бо вона відмовилася прийняти Господа, незважаючи на те, що мала багато можливостей почути Євангеліє.

В Євангелії від Івана 14:11-12 Ісус говорить нам: *«Повірте Мені, що Я в Отці, а Отець у Мені! Коли ж ні, то повірте за вчинки самі. Поправді, поправді кажу вам: Хто вірує в Мене, той учинить діла, які чиню Я, і ще більші від них він учинить, бо Я йду до Отця».*

Ви можете дізнатися про те, що якийсь окремий чоловік є Божою людиною, якщо його супроводжують надлюдські потужні справи, і ви також можете стверджувати, що його слова відповідають істинному Слову Божому.

Пекло

Я проповідую Ісуса Христа, виконуючи роботу живого Бога, коли проводжу кампанії по всьому світові. Коли я молюся в ім'я Ісуса Христа, незліченна кількість людей почитає вірити і отримує спасіння, тому що Бог проводить Свою дивовижну роботу: сліпі прозрівають, німі починають говорити, паралізовані підводяться, ті, що вмирають, опритомнюють, та відбуваються інші дива.

Таким способом, Бог явив через мене Свою могутню роботу. Він також детально розповідає про небеса і пекло і дозволяє мені розповідати про них всьому світу, щоби якнайбільше людей отримали спасіння.

Сьогодні багато людей цікавляться життям після смерті, духовним світом. Але неможливо ясно дізнатися про духовний світ, докладаючи при цьому тільки людських зусиль. Ви можете частково дізнатися про це із Біблії. Однак ви можете чітко дізнаватися про це тільки коли Бог пояснює вам, коли вас повністю надихає Святий Дух, Який досліджує все, навіть Божі глибини (1 Послання до коринтян 2:10).

Сподіваюся, що ви повністю повірите моїй розповіді про пекло, яка основана на віршах із Біблії, тому що Сам Бог пояснив це мені, коли Дух повністю надихав мене.

Для чого потрібно говорити про суд Божий і про покарання у пеклі

Коли я розповідаю про пекло, віруючі люди

наповнюються Святим Духом і слухають без страху. Однак існують інші люди, чиї обличчя напружуються, і їхні звичайно стверджувальні відповіді «Амінь», «Так» поступово під час проповіді сходять нанівець.

У найгіршому випадку люди, які мають слабку віру, перестають відвідувати богослужіння або навіть залишають церкву, охоплені страхом, замість того, щоби знову підкріпити свою віру надією потрапити на небеса.

Все ж я маю розповідати про пекло, бо я знаю сутність Бога. Бог дуже занепокоєний тим, що люди прямують до пекла, продовжують жити у темряві, ідуть на компроміс із земним способом життя, хоча деякі з них сповідають свою віру в Ісуса Христа.

Отже, я збираюся детально розповісти про пекло, щоби діти Божі могли перебувати у світлі, залишивши темряву. Бог бажає, щоби Його діти покаялися і потрапили до небес, незважаючи на те, що вони можуть мати страх і відчувати себе незручно, коли вони чують про суд Божий і покарання у пеклі.

Притча про багатія та вбогого Лазаря

В Євангелії від Луки 16:19-31 і багач, і вбогий Лазар після смерті потрапили у шеол. Стан та умови місць, де з цього часу мав перебувати кожен з чоловіків, суттєво відрізнялися одне від одного.

Багач дуже мучився у вогні, тоді як Лазар перебував у лоні Авраама, а між ними була велика безодня. Чому?

За часів Старого Заповіту суд Божий відбувався відповідно до Закону Мойсея. З одного боку багач отримав покарання вогнем, бо він не повірив у Бога, хоча жив у великій розкоші на цій землі. З іншого боку вбогий Лазар міг насолоджуватися вічним відпочинком, бо він повірив у Бога, хоча був вкритий струпами і бажав поїсти лише крихти, що впали зі столу багача.

Життя після смерті визначається судом Божим

У Старому Заповіті ми дізнаємося про своїх праотців віри: Якова та Йова, про яких говориться, що вони зійдуть до шеолу після своєї смерті (Буття 37:35; Йова 7:9). Корей та всі його люди, які повстали проти Мойсея, живими зійшли до шеолу через гнів Божий (Числа 16:33).

Старий Заповіт також говорить про «шеол». Шеол означає могилу і ад. Шеол поділений на дві частини: Верхній шеол, що належить небесам, і Нижній шеол, що належить пеклу.

Таким чином, вам відомо, що праотці віри, Яків та Йов, а також вбогий Лазар зійшли у Верхній шеол, що належить небесам, тоді як Корей і багач потрапили до Нижнього шеолу, що належить пеклу.

Тож, безумовно життя після смерті існує. І всім чоловікам та жінкам призначено потрапити на небеса або у пекло відповідно до Божого суду. Я рішуче наполягаю, щоби ви повірили в Бога, щоби ви отримали спасіння і не потрапили у пекло.

Структура небес і пекла

Коли мова йде про небеса і пекло, у Біблії використовуються різні назви. Насправді ви дізнаєтеся про те, що небеса і пекло знаходяться у різних місцях.

Іншими словами, небеса ще називають «Верхнім шеолом», «раєм» або «Новим Єрусалимом». Це тому що небеса, місце проживання душі, що отримала спасіння, розподілене за категоріями і поділене на багато різних місць.

Як я вже говорив у своїх книжках *«Міра Віри»* і *«Небеса I і II»*, ви можете жити ближче до престолу Бога у Новому Єрусалимі в залежності від того, чи відображаєте ви образ Бога-Отця. Або ви можете увійти у Третє, Друге, або Перше Царство Небесне відповідно до міри вашої віри. Ті, що ледве отримали спасіння, можуть увійти у рай.

Місце проживання душ, які не отримали спасіння, або злих духів, також називається «огняним озером», «озером, що сіркою горіло», або «безоднею». Саме так, як розділені небеса, пекло також розділене на багато місць, тому що місце проживання кожної душі відрізняється від іншого відповідно до міри її злодіянь у цьому світі.

Структура небес і пекла

Щоби краще зрозуміти форму небес і пекла, уявіть форму діаманта (◇). Якщо розділити його навпіл, то отримаємо трикутник (△) і перевернутий трикутник (▽). Припустимо, що трикутник з основою знизу означає небеса, а перевернутий трикутник символізує пекло.

Вершина трикутника з основою знизу відповідає Новому Єрусалиму, а основа – це Верхній шеол. Інакше кажучи над Верхнім шеолом знаходяться рай, Перше, Друге, Трете Царство Небесне і Новий Єрусалим. Однак не треба думати, що Царства становлять перший, другий і третій поверхи будівлі. У духовній сфері неможливо провести лінію, щоби розділити землю, як можливо зробити у нашому житті, або сказати, якої вона форми. Я поясняю це для того, щоби плотські люди могли чіткіше зрозуміти небеса і пекло.

У трикутнику з основою знизу, вершина символізує Новий Єрусалим, а найнижча частина – Верхній шеол.

Трикутник (вершиною догори), зверху донизу:
- Новий Єрусалим
- Трете Царство
- Друге Царство
- Перше Царство
- Рай
- Верхня могила
- Безодня

Перевернутий трикутник, зверху донизу:
- Нижня могила (ад)
- Озеро огняне
- Озеро палаючої сірки (сморідної сірки)
- Безодня (криниця безодня)

Інакше кажучи, чим вище ви підіймаєтесь у цьому трикутнику, тим краще Царство Небесне ви можете знати.

У іншій фігурі, перевернутому трикутнику, найвища та найширша частина означає Нижній шеол. Чим ближче ви дістаєтеся дна, тим глибше ви занурюєтесь у пекло – Нижній шеол, в огняне озеро, озеро палаючої самородної сірки, у безодню. Безодня, яка згадується в Євангелії від Луки та Книзі Об'явлення, означає найнижчу частину пекла.

У трикутнику з основою знизу площа зменшується у напрямку догори, від раю до Нового Єрусалиму. Така форма показує, що кількість людей, які входять у Новий Єрусалим відносно менша у порівнянні з кількістю людей, які входять у рай, Перше, Друге і Третє Царство Небесне. Це тому що тільки ті, хто досяг святості і досконалості через освячення своєї душі, наслідуючи душу Бога-Отця, можуть увійти у Новий Єрусалим.

Як видно, в перевернутому трикутнику порівняно менша кількість людей потрапляє у найглибшу частину пекла, тому що тільки ті, чия совість була зганьблена, хто вчинив найстрашніші вчинки, вкинуті у це місце. Більша кількість людей, які вчинили порівняно нетяжкі гріхи, потрапляють до верхньої, ширшої частини пекла.

Таким чином, можна уявити, що небеса і пекло мають форму діаманта. Однак не слід думати, що небеса дійсно мають форму трикутника, а пекло – перевернутого

Пекло

трикутника.

Велике провалля між небесами і пеклом

Між верхнім трикутником – небесами – і перевернутим трикутником – пеклом – існує велике провалля. Небеса і пекло не межують одне з одним. Вони знаходяться на відстані, виміряти яку неможливо.

Бог встановив таку чітку межу для того, щоби душі, які перебувають на небесах, не могли переходити до пекла і навпаки. Тільки у дуже особливих випадках з дозволу Бога душі можуть шукати одна одну і розмовляти, так як розмовляв багач із Авраамом.

Між двома симетричними трикутниками існує велике провалля. Люди не можуть переходити з небес у пекло і навпаки. Однак за дозволом Бога люди з небес і пекла можуть бачити, чути один одного і спілкуватися у дусі незважаючи на відстань.

Можливо ви легко зрозумієте це, якщо згадаєте як ми можемо розмовляти з людьми, які живуть у іншій точці земної кулі, по телефону, або навіть розмовляти віч-на-віч, дивлячись на екран, за допомогою космічних супутників завдяки швидкому прогресу і розвитку науки і техніки.

Навіть якщо існує велике провалля між небесами і пеклом, багач міг бачити Лазаря на лоні Авраамовому і розмовляти з Авраамом у дусі за дозволом Бога.

Верхній шеол і рай

Якщо бути точними, Верхній шеол не є частиною небес. Можна вважати, що він відноситься до небес, тоді як Нижній шеол є частиною пекла. Роль Верхнього шеолу змінилася у Новому Заповіті у порівнянні зі Старим Заповітом.

Верхній шеол у часи Старого Заповіту

У часи Старого Заповіту душі, які отримали спасіння, очікували у Верхньому шеолі. Авраам, праотець віри, відповідав за Верхній шеол. Тому у Біблії згадується про те, що Лазар був на лоні Авраамовому.

Однак після воскресіння і вознесіння Господа Ісуса Христа душі, які отримали спасіння, вже не потрапляють на лоно Авраамове, але переходять у рай і знаходяться на лоні Господа. Тому в Євангелії від Луки 23:43 Ісус говорить: *«Поправді кажу тобі: ти будеш зо Мною сьогодні в раю!»* звертаючись до одного із злочинників, котрий розкаявся і прийняв Ісуса своїм Спасителем, коли Ісус був розіп'ятий на хресті (Євангеліє від Луки 23:43).

Чи потрапив Ісус відразу у рай після розп'яття? У 1 Посланні Петра 3:18-19 написано: *«Бо й Христос один раз постраждав був за наші гріхи, щоб привести нас до Бога, Праведний за неправедних, хоч умертвлений тілом, але Духом оживлений, Яким Він і духам, що в в'язниці були, зійшовши, звіщав»*. Із цього вірша ви можете зрозуміти, що Ісус проповідував Євангеліє всім майбутнім спасенним душам, що очікували у Верхньому шеолі. Детальніше я поговорю про це у Розділі 2.

Ісус, Який на протязі трьох днів проповідував Євангеліє у Верхньому шеолі, після свого воскресіння та вознесіння на небеса привів душі, які мали отримати спасіння, до раю. Сьогодні Ісус готує місце для нас на небесах, як написано: «*...йду приготувати місце для вас*» (Євангеліє від Івана 14:2).

Рай у часи Нового Заповіту

Душі, які отримали спасіння, знаходяться вже не у Верхньому шеолі, після того, як Ісус широко відкрив двері спасіння. Вони перебувають на околицях раю, у місці очікування перед небесами доки не закінчиться вдосконалення людства. А потім, після суду великого білого престолу кожна душа увійде у своє місце на небесах відповідно до міри особистої віри і житиме там вічно.

Всі душі, які отримали спасіння, у часи Нового Заповіту очікують у раю. Дехто може поцікавитися, чи можливо, щоби така велика кількість людей жила у раю, бо від часів Адама народилося дуже багато людей. «Пастор Лі! Чи можливо, щоби так багато людей жило у раю? Гадаю, місця може не вистачити для всіх людей. Навіть якщо воно дуже просторе».

Сонячна система, у яку входить Земля, — маленька цятка у порівнянні з галактичною системою. Чи можете ви уявити собі, наскільки велика галактична система? Проте галактична система — це маленька цятка у порівнянні з усім всесвітом. Тож чи можете ви уявити, яким величезним є весь всесвіт?

Крім того, величезний всесвіт, у якому ми живемо, – це тільки один із безлічі всесвітів. Простір всього всесвіту знаходиться поза нашою уявою. Таким чином, якщо ви не можете збагнути величезний простір фізичного всесвіту, тоді як ви можете збагнути величезний простір небес у духовній сфері?

Сам рай дуже широкий, і це неможливо збагнути. Неможливо виміряти відстань від найближчого місця у Першому Царстві до краю раю. Чи можете ви собі тепер уявити, наскільки просторим є рай?

У раю душі отримують духовні знання

Не дивлячись на те, що у раю знаходиться місце очікування по дорозі до небес, це місце не вузьке і не докучливе. Воно таке прекрасне, що його неможливо порівняти навіть із найчудовішим пейзажем цієї землі.

Душі, що очікують, у раю отримують духовні знання від деяких пророків. Вони дізнаються про Бога і небеса, духовний закон, а також отримують інші необхідні духовні знання. Духовні знання не мають меж. Навчання там абсолютно відрізняється від такого, що існує у цьому світі. Воно не важке і не нудне. Чим більше душі дізнаються, тим більше милості і радості вони отримують.

Чисті і добрі душею люди можуть отримати дуже багато духовних знань через спілкування з Богом навіть у цьому світі. Ви також можете зрозуміти багато іншого за надиханням Святого Духа, коли ви бачитимете все духовними очима. Ви можете відчути духовну силу Бога навіть у цьому світі, бо ви можете зрозуміти духовні закони, отримати відповідь Бога на ваші молитви в залежності від обрізання вашої душі.

Ви станете дуже щасливою та задоволеною людиною, коли дізнаєтеся про духовне і відчуєте це у цьому світі. Уявіть, наскільки щасливішою та радіснішою людиною будете ви, коли отримаєте більш глибоке духовне знання у раю, який належить небесам.

Тоді де живуть ці пророки? Чи живуть вони у раю? Ні. Душі, які отримали право увійти у Новий Єрусалим, не чекають у раю, але знаходяться у Новому Єрусалимі, допомагаючи Богові виконувати Його роботу.

Перед розіп'яттям Ісуса за Верхнім шеолом наглядав Авраам. Однак після воскресіння Ісуса та Його вознесіння Авраам потрапив до Нового Єрусалима, бо він завершив свій обов'язок у Верхньому шеолі. Тоді де перебували Мойсей та Ілля, коли Авраам був у Верхньому шеолі? Вони вже були не у раю, але у Новому Єрусалимі, бо отримали право увійти у Новий Єрусалим (Євангеліє від Матвія 17:1-3).

Верхній шеол у часи Нового Заповіту

Напевно ви бачили у якомусь фільмі, де душа людини, схожа на її фізичне тіло, після смерті відокремлюється від тіла і йде за небесними ангелами чи за посланцями пекла. Насправді душу, яка отримала спасіння, ведуть на небеса два ангели у білому одязі після того як душа людини відокремлюється від тіла після смерті. Той, хто знає чи дізнається про це, не буде шокований, навіть якщо його душа після смерті відокремиться від тіла. Однак той, хто зовсім нічого про це не знає, буде шокований побачити іншу людину, що відокремлюється від тіла і має такий самий вигляд як він.

Спочатку душа, яка відокремиться від фізичного тіла, буде почувати себе дуже незвично і незрозуміло. Її форма дуже відрізняється від попередньої, тому що тепер вона відчуває величезні зміни, бо вона жила у тривимірному світі, а тепер живе у чотиривимірному.

Відокремлена душа не відчуває ваги свого тіла і може спокуситися політати всюди, бо тіло дуже легке. Отже не завадить отримати загальні знання про пристосування до духовного світу. Тому душі, які отримали спасіння у часи Нового Заповіту, залишаються невизначеними і пристосовуються до духовного світу у Верхньому шеолі перед тим як потрапити до раю.

Нижній шеол,
місце очікування по дорозі до пекла

Найвищою частиною пекла є Нижній шеол. Коли душа сходить нижче, вона бачить огняне озеро, озеро, що горить сіркою, і безодню – найглибшу частину пекла. Душі які від початку часів, не отримали спасіння, ще не потрапили до пекла, але знаходяться у Нижньому шеолі.

Багато людей заявляють, що побували у пеклі. Я можу сказати, що насправді вони бачили сцени катувань у Нижньому шеолі. Це тому що душі, які не отримали спасіння, ув'язнені у різних частинах Нижнього шеолу відповідно до суворості їхніх гріхів та злодіянь, і зрештою вони будуть вкинуті в огняне озеро, або в озеро, що горить сіркою, після суду великого білого престолу.

Страждання душ, які не отримали спасіння, у Нижньому шеолі

В Євангелії від Луки 16:24 дуже добре описуються страждання у Нижньому шеолі багача, душа якого не отримала спасіння. Відчуваючи нестерпний біль, багач просить краплю води: *«Змилуйся, отче Аврааме, надо мною, і пошли мені Лазаря, нехай умочить у воду кінця свого пальця, і мого язика прохолодить, бо я мучуся в полум'ї цім!...»*

Душа не може не боятися, не може не тремтіти від жаху, бо вона постійно мучиться, чуючи плач інших людей, які відчувають нестерпний біль, перебуваючи у руйнівному вогні, не маючи навіть надії на смерть у пеклі, де не помирає навіть черв'як, де ніколи не згасає вогонь.

Жорстокі посланці пекла катують душі у чорній, як смола, темряві, Нижньому шеолі. Все місце охоплене жахливим запахом скривавлених трупів, що розкладаються, так що важко навіть дихати. Однак покарання у пеклі неможливо порівняти з тортурами Нижнього шеолу.

Починаючи з Розділу 3 я буду розповідати, наводячи приклади, про жахливе місце – Нижній шеол, про те, які нестерпні тортури відбуваються в огняному озері та в озері, що горить сіркою.

Душі, які не отримали спасіння, сповнюються каяття у Нижньому шеолі

В Євангелії від Луки 16:27-30, багач не вірив у існування пекла, але він дізнався про свою нерозсудливість і відчув докори сумління, потрапивши після смерті у вогонь. Багач благав Авраама послати Лазаря до його братів, щоби ті не потрапили до пекла.

> *«Отож, отче, благаю тебе, щоб його ти послав у дім батька мого, бо п'ятьох братів маю, хай він їм засвідчить, щоб і вони не прийшли на це місце страждання! Авраам же сказав: Вони мають Мойсея й Пророків, нехай слухають їх! А він відказав: Ні ж бо, отче Аврааме, але коли прийде хто з мертвих до них, то покаються».*

Що би сказав багач своїм братам, якщо б йому була надана можливість поговорити з ними особисто? Він неодмінно сказав би їм: «Я твердо знаю, що пекло існує. Будь ласка, переконайтесь у тому, що ви живете за Словом Божим, що ви не потрапите до пекла. Бо пекло – це жахливе місце, де так моторошно, що навіть волосся стає дибом».

Навіть страждаючи та відчуваючи постійний нестерпний біль, багач дійсно бажав врятувати своїх братів від пекла. Немає сумнівів у тому, що він мав порівняно добре серце. Тоді що можна сказати про людей, які живуть у наш час?

Одного разу Бог показав мені подружжя, яке мучилося у пеклі, бо ці люди покинули Бога і церкву. У пеклі вони звинувачували, проклинали, ненавиділи один одного і навіть бажали один для одного відчути сильніший біль.

Багач бажав, щоби його брати отримали спасіння, бо він був до деякої міри доброю людиною. Проте ви повинні пам'ятати, що незважаючи на це, багач був вкинутий у пекло. Ви також маєте пам'ятати, що ви не можете отримати спасіння тільки промовивши: «Я вірю».

Людина приречена померти, а після смерті вона потрапить або на небеса, або у пекло. Тому ви маєте бути розумними і стати істинно віруючою людиною.

Мудра людина готується до життя після смерті

Мудрі люди дійсно готуються до життя після смерті, у той час коли більшість людей важко працює, щоби здобути і отримати шану, владу, багатство, процвітання і довголіття у цьому світі.

Розсудливі люди запасають багатство на небесах відповідно до Слова Божого, бо вони дуже добре знають про те, що вони не зможуть нічого взяти з собою у могилу.

Можливо ви чули деякі свідчення тих, хто не міг знайти

власні домівки на небесах, коли потрапляв туди, хоча ці люди вірили в Бога і жили добрим християнським життям. Ви можете мати великий гарний будинок на небесах, якщо дбайливо запасатиметесь багатством на небесах, якщо житимете у цьому світі як дорогоцінна дитина Божа!

Ви дійсно благословенні і розсудливі, бо ви боролися, щоби мати тверду віру, берегли її, щоби увійти у прекрасні небеса, і тому що ви через віру дбайливо накопичували свою нагороду, готуючи себе як наречена Господа, Який має повернутися дуже скоро.

Після смерті людина не може прожити своє життя знову. Отже будь ласка, майте віру і знайте, що існують небеса і пекло. Також знаючи про те, що душі, які не отримали спасіння, підлягають великим катуванням у пеклі, ви повинні розповідати про небеса і пекло всім, з ким ви зустрічаєтесь у цьому житті. Бог буде дуже задоволений вами!

Люди, котрі говорять про любов Бога, Котрий бажає навернути всіх на шлях спасіння, будуть благословенні у цьому житті і сятимуть як сонце на небесах.

Я сподіваюся, що ви повірите у живого Бога, Котрий судить і карає вас, намагатиметесь стати істинною дитиною Божою. В ім'я Господа нашого я молюся про те, щоби ви навернули якнайбільше людей до Бога та привели до спасіння, щоби вас втішав Бог.

Розділ 2
_____

Шлях спасіння для тих, хто ніколи не чув Євангелія

Суд совісті

Діти, які не народилися внаслідок аборту або викидня

Діти віком від народження до п'яти років

Діти віком від шести до дванадцяти років

Чи отримали спасіння Адам і Єва?

Що сталося з першим вбивцею – Каїном?

*Бо коли погани,
що не мають Закону, з природи чинять законне,
вони, не мавши Закону, самі собі Закон,
що виявляють діло Закону, написане в серцях своїх,
як свідчить їм сумління та їхні думки,
що то осуджують, то виправдують одна одну.
- До римлян 2:14-15 -*

*І промовив до нього Господь: Через те кожен,
хто вб'є Каїна, семикратно буде пімщений.
І вмістив Господь знака на Каїні,
щоб не вбив його кожен, хто стріне його.
- Буття 4:15 -*

Бог довів Свою любов до нас, віддавши Свого єдиного Сина Ісуса Христа на розп'яття заради спасіння всього людства.

Батьки люблять своїх маленьких дітей, але вони хочуть, щоби їхні діти стали досить дорослими, щоби розуміти їхню душу і разом ділитися своєю радістю і болю.

Також Бог бажає, щоби всі люди отримали спасіння. Крім того, Бог бажає, щоби Його діти стали досить зрілими у вірі, щоби вони пізнавали душу Бога-Отця і ділилися з Ним своєю любов'ю. Тому апостол Павло пише у 1 Посланні до Тимофія 2:4, що Бог бажає, щоби всі люди отримали спасіння і дізналися про істину.

Ви маєте знати, що Бог детально описує пекло і духовний світ, тому що Він у Своїй любові бажає, щоби всі люди отримали спасіння і стали зрілими у вірі.

У цьому розділі я буду детально пояснювати, чи можуть отримати спасіння ті, хто помер, не дізнавшись про Ісуса Христа.

Суд совісті

Багато людей, які не вірять у Бога, принаймні визнають, що існують небеса і пекло, але вони не можуть потрапити на небеса тільки тому що вони визнають їх існування.

Як говорить нам Ісус в Євангелії від Івана 14:6: *«Я дорога, і правда, і життя. До Отця не приходить ніхто, якщо не через Мене»*, ви можете отримати спасіння і увійти на небеса тільки через Ісуса Христа.

Тоді яким чином ви можете отримати спасіння? Апостол Павло у Посланні до римлян 10:9-10 показує нам шлях справжнього спасіння:

> *Бо коли ти устами своїми визнаватимеш Ісуса за Господа, і будеш вірувати в своїм серці, що Бог воскресив Його з мертвих, то спасешся, бо серцем віруємо для праведности, а устами ісповідуємо для спасіння.*

Припустимо, існує декілька людей, які не знають Ісуса Христа. Тому вони не можуть сказати: «Ісус – Господь». Вони також не вірять в Ісуса Христа всім серцем. Тоді чи правда те, що жоден з них не може отримати спасіння?

Велика кількість людей жили до того часу як Ісус прийшов на нашу землю. Навіть у ново заповітні часи були люди, які померли, так і не почувши Євангелія. Чи можуть такі люди отримати спасіння?

Якою буде доля людей, котрі померли так рано, що навіть не досягли зрілості, не мали змоги стати достатньо розсудливими, щоби прийняти віру? Що сталося з ненародженими дітьми, які померли в результаті аборту або викидня? Чи повинні вони потрапити до пекла безумовно, бо вони не вірили в Ісуса Христа? Ні.

Бог любові відкриває двері спасіння для всіх у Своїй справедливості за допомогою «суду совісті».

Люди, які шукали бога і жили з доброю совістю

У Посланні до римлян 1:20 сказано: *«Бо Його невидиме від створення світу, власне Його вічна сила й Божество, думанням про твори стає видиме. Так що нема їм виправдання»*. Тому люди з доброю душею вірять в існування бога, коли бачать його творіння.

У Книзі Екклезіяста 3:11 сказано, що Бог поклав людям у серце вічність. Тож добрим людям притаманно шукати бога, непевно віруючи у життя після смерті. Добрі люди бояться небес і намагаються жити добрим і праведним життям, незважаючи на те, що вони ніколи не чули Євангеліє. Тому вони живуть в якійсь мірі за волею своїх богів. Якби вони почули Євангеліє, вони б безперечно прийняли Господа і потрапили на небеса.

Саме тому Бог дозволив добрим душам залишитися у Верхньому шеолі. Таким чином Він вів їх на небеса до приходу Ісуса і його хресної смерті. Після розп'яття Ісуса Бог привів цих людей до спасіння через кров Ісуса, дозволивши їм почути Євангеліє.

Проповідь Євангелія у Верхньому шеолі

Біблія говорить нам, що Ісус після Своєї смерті на хресті проголосив Євангеліє у Верхньому шеолі.

Як написано у 1 Посланні до Петра 3:18-19: *«Бо й Христос один раз постраждав був за наші гріхи, щоб привести нас до Бога, Праведний за неправедних, хоч умертвлений тілом, але Духом оживлений, Яким Він і духам, що в в'язниці були, зійшовши, звіщав»* Ісус звіщав Євангеліє душам у Верхньому шеолі, щоби вони також мали змогу отримати спасіння через Його кров.

Люди, які не могли почути Євангеліє за життя, зрештою отримали шанс дізнатися про Ісуса Христа і отримали спасіння.

Бог не дав жодного іншого імені, яким можна було б спастися (Книга Дії 4:12). Навіть за часів Нового Заповіту ті, хто не мав можливості почути Євангеліє, отримали спасіння через суд совісті. Три дні вони перебувають у Верхньому шеолі. Щоби почути Євангеліє, а потім сходять на небеса.

Люди з брудною совістю ніколи не шукають Бога і живуть у гріху, віддаючись втіхам та пристрастям. Вони не повірили б Євангелію навіть якщо би почули його. Після смерті їх буде відіслано до Нижнього шеолу, де вони будуть покарані, і згодом впадуть у пекло після суду великого білого престолу.

Суд совісті

Одна людина не може правильно судити совість іншої, бо проста людина не може правильно читати серця інших людей. Однак всемогутній Бог може бачити серце кожного і чинити справедливий суд.

У Посланні до римлян 2:14-15 розповідається про суд совісті. Добрі люди знають, що таке добро і зло, бо їхня совість дозволяє їм дізнатися про вимоги Закону.

Бо коли погани, що не мають Закону, з природи чинять законне, вони, не мавши Закону, самі собі Закон, що виявляють діло Закону, написане в серцях своїх, як свідчить їм сумління та їхні думки, що то осуджують, то виправдують одна одну.

Таким чином, добрі люди не чинять зла, але йдуть дорогою добра у своєму житті. Тому, відповідно до суду совісті, вони три дні перебувають у Верхньому шеолі, де вони чують Євангеліє і отримують спасіння.

Зразком можна назвати адмірала Суншін Лі*, який жив праведним життям за своєю доброю совістю (*Примітка редактора: адмірал Лі був головнокомандуючим військово-морського флоту у часи правління династії Чосун, Корея, у 16 столітті). Адмірал Лі був чесною людиною, хоча не знав Ісуса Христа. Він був відданим своєму королю, країні, народу, який він захищав. Він був добрим сином своїх батьків, любив братів. Він ніколи не ставив свої інтереси вище інтересів інших, ніколи не прагнув слави, влади чи багатства. Він просто служив, жертвуючи собою заради своїх близьких та навіть незнайомих людей.

Ви не знайдете в ньому жодних рис поганої людини. Адмірала Лі відправили у заслання, але він не скаржився, не мав намірів помститися своїм ворогам за те, що його несправедливо звинуватили. Він не нарікав на короля навіть коли король, який вигнав адмірала у заслання, наказав йому битися на полі бою. Навпаки, він щиро подякував королю, знову упорядкував загони і бився у боях, ризикуючи власним життям. Крім того, він також мав час на молитву своєму богові, ставав на коліна, бо він визнавав його існування. Чи є причини, які можуть заважати Богові піднести таку людину на небеса?

Люди, які не підлягають суду совісті

Чи підлягають суду совісті люди, які чули Євангеліє, але не повірили в Бога?

Ваші рідні не підлягають суду совісті, якщо вони не прийняли Євангеліє, почувши його від вас. Буде справедливим, якщо вони не отримають спасіння, оскільки вони знехтували Євангелієм, хоча мали багато сприятливих можливостей почути його.

Проте ви маєте старанно проголошувати Євангеліє, бо навіть якщо люди були досить грішними, щоби піти у пекло, ви могли б через свій труд благовісника дати їм шанс, дати їм можливість отримати спасіння.

Кожна дитина Божа описується у Євангелії як боржник, який має зобов'язання примножити взяте у борг. Бог спитає вас у судний день, чому ви не проголошували Євангеліє своїм рідним: батькам, братам, сестрам та іншим. «Чому ви не проповідували Євангеліє своїм батькам, братам і сестрам?» «Чому ви не проповідували своїм дітям?» «Чому ви не проповідували друзям?»

Тому вам належить нести Євангеліє людям день від дня,

якщо ви дійсно розумієте любов Бога, Котрий навіть віддав на розп'яття Свого єдиного Сина, і якщо ви дійсно пізнали любов Господа, Котрий за нас віддав на хресті Своє життя.

Спасіння душ – це справжній шлях, коли ми можемо вгамувати спрагу нашого Господа, Котрий благав на хресті: «Я хочу пити», та повернути борг, сплативши ціну крові Господа.

Діти, які не народилися внаслідок аборту або викидня

Яка доля ненароджених діток, котрі померли внаслідок викидня, так і не народившись? Після фізичної смерті дух людини має потрапити на небеса, або у пекло, тому що неможливо знищити дух людини, навіть такої юної.

Дух, який дається через п'ять місяців після запліднення

Коли ембріону дається дух? Дух дається ембріону після шостого місяця вагітності.

Згідно медичним дослідженням, через п'ять місяців після запліднення, в ембріона починають розвиватися органи слуху, очі та повіки. Долі головного мозку, котрі активізують функції головного мозку також утворюються через п'ять-шість місяців після запліднення.

Коли плід досягає шести місяців, йому дається дух, який

фактично має зовнішній вигляд людини. Плід не потрапляє у пекло чи на небеса, якщо мати не доносила його до шести місяців, коли дається дух, бо плід без духу – це те саме, що тварина.

У Книзі Еклезіястовій 3:21 говориться: *«Хто те знає, чи дух людських синів підіймається вгору, і чи спускається вділ до землі дух скотини?»* «Дух людських синів» тут означає те, що об'єднується з духом людини, даним Богом, і підштовхує людину до пошуку Бога. А його душа змушує його думати і коритися Слову Божому, тоді як «дух скотини» означає тільки душу, а саме систему, яка змушує думати і діяти.

Тварина зникає, коли помирає, бо вона має лише душу, але не має духа. Плід, якому ще не виповнилося п'ять місяців, не має духа. Тож коли він помирає, він зникає, як тварина.

Аборт – тяжкий гріх, що прирівнюється до вбивства

Тоді чи можна назвати гріхом аборт ембріона, який не досяг п'ятимісячного віку, бо в нього немає духа? Ви не повинні чинити гріх, роблячи аборт ембріона, незалежно від того, коли він отримує дух. При цьому треба пам'ятати, що лише Бог керує життям людини.

У Псалмі 138:15-16, псаломщик написав: *«І кості мої не сховались від Тебе, бо я вчинений був в укритті, я витканий був у глибинах землі! Мого зародка бачили очі*

Твої, і до книги Твоєї записані всі мої члени та дні, що в них були вчинені, коли жодного з них не було...»

Бог любові знав кожного з вас ще до того, коли ви виникли у лоні вашої неньки. Він мав чудові ідеї і план для вас, так що записав про це у Своїй Книзі. Тому людина, справжнє Боже творіння, не може контролювати життя людського ембріона, навіть якщо йому ще не виповнилося п'ять місяців.

Зробити аборт плода – це те саме що вбити, бо ви посягаєте на авторитет Бога, Котрий керує життям, смертю, має владу благословляти і проклинати. До того ж як ви смієте стверджувати, що це – незначний гріх, коли ви вбиваєте свого сина або дочку?

Наступають випробування і кара за гріх

За будь-яких обставин і незалежно від ступеню складності ситуації ви ніколи не повинні посягати на верховну владу Бога, яку Він має над нами, над людським життям. Крім того, неправильно вбивати свою дитину, роблячи аборт, керуючись власними бажаннями. Ви повинні розуміти, що ви пожнете те, що посіяли, і відплатите за те, що зробили.

Страшнішим буде, якщо ви зробите аборт плода шести та більше місяців після запліднення. Це прирівнюється до вбивства дорослої людини, бо дитині вже був даний дух.

Аборт створює велику стіну гріха між вами і Богом. В результаті ви зазнаєте біль випробувань та горя. Поступово ви віддаляєтеся від Бога через стіну гріха, якщо ви не вирішите проблему гріха. Можливо, ви зайшли надто далеко і вже не можете повернутися.

Навіть ті, хто не вірять у Бога, будуть покарані. Вони накличуть на себе всі можливі випробування і біди, якщо вчинять умертвіння плоду, бо це – вбивство. Випробування і біди завжди супроводжують їх, оскільки Бог не може захистити їх і відвертає від них Своє обличчя, якщо вони не зруйнують стіну гріха.

Повністю покайтесь у своїх гріхах і зруйнуйте стіну гріха

Бог дав Свої накази не для того, щоб засудити людей, але щоби явити Свою волю, привести їх до покаяння і спасти.

Бог також дозволяє вам розібратися в усіх питаннях, які стосуються абортів, щоби ви більше не чинили такий гріх, щоби ви мали змогу зруйнувати стіну гріха, каючись у гріхах, які ви вчинили у минулому.

Якщо колись ви робили аборт, щиро покайтесь у цьому, зруйнуйте стіну гріха, принісши спокутну жертву. Тоді випробування і біди зникнуть, тому що Бог більше не пам'ятатиме ваші гріхи.

Гріхи аборту можуть бути різними за своєю суворістю. Кожний випадок треба розглядати окремо. Наприклад, якщо ви завагітніли внаслідок зґвалтування, ваш гріх порівняно неважкий. Якщо подружжя позбавилося своєї небажаної дитини, їхній гріх більш суворий.

Якщо ви за багатьох причин не бажаєте мати дитину, ви повинні в молитві присвятити Богові дитину, яка знаходиться у вашому лоні. У такому випадку ви народите дитину, якщо Бог не виконає прохання вашої молитви.

Більшість дітей, які загинули внаслідок аборту, отримують спасіння. Але є винятки

Шість місяців після запліднення плід, не зважаючи не те, що йому був даний дух, не може розсудливо думати, розуміти чи вірити у щось, маючи при цьому власне бажання. Отже Бог спасає більшість ненароджених дітей, які помирають у цей період, не дивлячись на їхню віру, або віру їхніх батьків.

Зауважте, що я сказав «більшість», не «всіх» ненароджених дітей, бо існують окремі випадки, коли плід не отримує спасіння.

Плід може наслідувати гріховну природу від моменту запліднення, якщо його батьки чи пращури вели запеклу боротьбу з Богом і накопичували зло на зло. У цьому випадку плід не може отримати спасіння.

Наприклад, це може бути дитина чаклуна, або дитина грішних батьків, котрі проклинали і бажали хвороб іншим людям, такі як Гі-бін Янг* в історії Кореї (*Примітка редактора: пані Янг була наложницею короля Сук-йонг в кінці 17 століття, яка через ревнощі прокляла королеву). Вона прокляла свою суперницю, проткнувши портрет суперниці стрілами через люті ревнощі. Діти таких грішних батьків не можуть отримати спасіння, бо вони наслідують їхню гріховну природу.

Також існують надто гріховні люди серед тих, хто заявляє, що є віруючою людиною. Такі люди заважають, недооцінюють, засуджують, та перешкоджають роботі Святого Духа. Через ревнощі вони також намагаються вбити того, хто прославляє ім'я Бога. Якщо дитина таких батьків загинула внаслідок викидня, вона не отримає спасіння.

За винятком цих рідких випадків більшість ненароджених дітей отримує спасіння. Однак вони не можуть потрапити на небеса, навіть у рай, оскільки вони зовсім не були вдосконалені на цій землі. Вони живуть у Верхньому шеолі навіть після суду великого білого престолу.

Вічна домівка для ненароджених дітей, які отримали спасіння

Плоди віком від шести місяців після запліднення, які загинули внаслідок аборту, перебувають у Верхньому шеолі. Вони схожі на білий аркуш паперу, бо вони не зрощувалися на цій землі. Тому вони залишаться у Верхньому шеолі і одягнуть тіло, що відповідає їхній душі, під час воскресіння.

Вони одягнуть тіло, яке зміниться і виросте, на відміну від інших людей, які отримали спасіння, які одягнуть духовне і вічне тіло. Тому незважаючи на те, що спочатку вони мають вигляд дітей, вони ростимуть, доки не досягнуть належної стадії.

Навіть після того, як вони виростуть, ці діти, залишаться у Верхньому шеолі, сповнюючи свої душі знанням істини. Ви можете це легко зрозуміти, якщо подумаєте про первісний стан Адама в еденському раю та процес його навчання.

Адам складався з духу, душі і тіла, коли був створений як жива істота. Однак його тіло відрізнялося від духовного, воскреслого тіла, і його душа була неосвічена, як душа новонародженої дитини. Тому Сам Бог дав Адаму духовне знання. Довгий період часу Він ходив поряд з ним.

Ви маєте знати, що Адам в еденському раю був створений без жодного гріха, але душі у Верхньому шеолі не настільки добрі, як Адам, бо вони вже успадкували гріховну природу від своїх батьків, які зазнали вдосконалення на протязі багатьох поколінь.

Відтак з часу гріхопадіння Адама всі його нащадки успадкували первородний гріх Адама. Згодом всі його нащадки успадкували первородний гріх від своїх батьків.

Діти віком від народження до п'яти років

Як можуть отримати спасіння діти віком до п'яти років, які не можуть відрізнити добро від зла, і не можуть зрозуміти віру? Спасіння дітей такого віку залежить від віри його батьків, особливо їхніх матусь.

Дитина може отримати спасіння, якщо її батьки мають таку віру, що отримають спасіння, і виховують свою дитину у вірі (1 Послання до коринтян 7:14). Проте це неправда, що дитина не може безумовно отримати спасіння тільки тому що її батьки не мали віри.

Тут ви знову можете відчути любов Бога. У Книзі Буття 25 написано про те, що Бог знав заздалегідь, що Яків буде більшим у майбутньому, ніж його старший брат Ісав, коли вони билися в у лоні матері. Всезнаючий Бог веде до спасіння всіх Своїх дітей, які помирають, не досягши віку п'яти років, через суд совісті. Це можливо, тому що Бог знає, чи дитина прийняла би Господа, якби прожила довге життя, якби мала змогу почути Євангеліє пізніше у своєму житті.

Однак діти, чиї батьки не мають віри, які не проходять через суд совісті, так само неминуче потрапляють до Нижнього шеолу, що належить пеклу, і будуть там мучитися.

Суд совісті і віра батьків

Спасіння дітей дуже залежить від віри їхніх батьків. Отже батьки повинні виховувати своїх дітей відповідно до волі Бога, так щоби діти не потрапили до пекла.

Дуже давно одні батьки, у яких не було дітей, народили дитину. Перед цим вони дали обітницю у молитві. Однак дитина загинула під час дорожньо-транспортної пригоди.

Я можу знайти причину смерті їхньої дитини у молитві. Це відбулося тому що віра батьків стала холодною, і вони віддалилися від Бога. Дитина не могла відвідувати дитячий садочок при церкві, бо її батьки захоплювались плотським життям. Відповідно дитина почала співати мирські пісні замість пісень, які прославляють Бога.

У той час дитина мала віру, щоби отримати спасіння, але вона не змогла б її отримати, якби їй довелося зростати під впливом своїх батьків. У цій ситуації Бог через дорожньо-транспортну пригоду покликав дитину до вічного життя і дав її батькам можливість покаятися. Якщо би батьки могли покаятися і повернутися до Бога, не побачивши насильницьку смерть своєї дитини, Він би не вжив таких заходів.

Батьківська відповідальність за духовний ріст дітей

Батьківська віра безпосередньо впливає на спасіння дітей. Віра дітей не може добре рости, якщо їхніх батьків не турбує духовний ріст дітей, якщо вони лише віддають дітей до Недільної школи.

Батьки повинні молитися за своїх дітей, наглядати за тим, чи завжди вони поклоняються Богу у дусі і істині, вчити їх молитися вдома, являючи для них гарний приклад.

Я спонукаю всіх батьків пробудити свою власну віру і виховувати своїх улюблених дітей у Господі. І тоді ваша сім'я обов'язково зможе насолодитися вічним життям разом на небесах.

Діти віком від шести до дванадцяти років

Як можуть отримати спасіння діти віком від шести до

дванадцяти років?

Такі діти здатні зрозуміти Євангеліє, коли вони почують його. Вони також можуть вирішувати, у що вірити за власним бажанням та на власний розсуд, не повністю, але принаймні до деякої міри.

Вік дітей, встановлений тут, звичайно може трішки відрізнятися стосовно кожної окремої дитини, бо кожна дитина росте, розвивається і доходить зрілості з різною швидкістю. Важливим чинником є те, що звичайно до цього віку діти можуть повірити в Бога за своїм власним бажанням і розумінням.

Мати свою власну віру, незалежно від віри батьків

Діти віком від шести до дванадцяти років мають розсудливість у виборі віри. Тому вони можуть отримати спасіння від власної віри, незважаючи на віру батьків.

Отже ваші діти можуть потрапити тільки до пекла, якщо ви не виховуєте їх у вірі, незважаючи на те, що самі маєте міцну віру. Є діти, чиї батьки не вірять в Бога. У такому випадку дітям важче отримати спасіння.

Я проводжу межу між спасінням дітей, що не досягли статевої зрілості, і спасінням дітей, що досягли статевої зрілості, тому що через велику Божу любов, що переливається через край, до попередньої групи може застосовуватися суд совісті.

Бог може дати Своїм дітям ще одну можливість отримати

спасіння, тому що діти цього віку не можуть повністю вирішувати питання за власним бажанням та розумінням, бо вони все ще знаходяться під впливом своїх батьків.

Хороші діти приймають Господа, коли вони чують Євангеліє і отримують Святого Духа. Вони також ходять до церкви, але згодом не можуть продовжувати туди ходити через жорстокі переслідування з боку своїх батьків, які поклоняються ідолам. Однак перед тим, як їм виповниться дванадцять років, вони можуть обрати, що є правильно, а що неправильно за своїм власним бажанням, незважаючи на прагнення своїх батьків. Вони можуть відстоювати свою віру, якщо вони щиро вірять у Бога не залежно від того, яким суворим може бути протистояння та переслідування зі сторони їхніх батьків.

Припустимо, дитина, яка могла би мати міцну віру, якби прожила довше, помирає у юному віці. Тоді що з нею станеться? Бог приведе таку дитину до спасіння через суд совісті, тому що Він знає глибини серця цієї дитини.

Однак якщо дитина не приймає Господа і не витримує суду совісті, вона більше не матиме такої можливості і неминуче потрапить до пекла. Крім того, зрозуміло, що спасіння людей, що не досягли статевої зрілості, виключно залежить від їхньої власної віри.

Діти, що народилися у поганому оточенні

Спасіння чистої дитини, яка не може робити жодних логічних і правильних рішень, у більшій мірі залежить від вдачі батьків і пращурів.

Дитина може народитися з деякими порушеннями розумового розвитку, або бути одержимою злими духами з раннього дитинства через гріхи або ідолопоклонство її пращурів. Це тому що нащадки знаходяться під впливом своїх батьків і пращурів.

Про це Бог нас попереджає у Книзі Повторення Закону 5:9-10:

> *Не вклоняйся їм, і не служи їм, бо Я Господь, Бог твій, Бог заздрісний, що карає провину батьків на синах, на третіх і на четвертих поколіннях тих, що ненавидять Мене, і що чинить милість тисячам поколінь тих, хто любить Мене, і хто виконує Мої заповіді.*

У 1 Посланні до коринтян 7:14 також зазначається: *«Чоловік бо невіруючий освячується в дружині, а дружина невіруюча освячується в чоловікові. А інакше нечисті були б ваші діти, тепер же святі».*

Також дітям дуже важко отримати спасіння, якщо їх батьки не живуть у вірі.

Оскільки Бог є любов, Він не відвертається від тих, хто закликає Його ім'я, незважаючи на те, що вони могли народитися, отримавши гріх від своїх батьків або пращурів. Вони можуть бути приведені до спасіння, бо Бог відповідає на їхні молитви, коли вони каються, намагаються завжди жити за Його Словом і постійно закликають Його ім'я.

У Посланні до євреїв 11:6 написано: *«Догодити ж без віри не можна. І той, хто до Бога приходить, мусить вірувати, що Він є, а тим, хто шукає Його, Він дає нагороду».* Навіть якщо люди народилися із злою вдачею, Бог змінює їхній злий характер на добрий і приводить їх на небеса, коли вони втішають Його добрими справами і жертвами, які являють їхню віру.

Люди, які не можуть самостійно шукати Бога

Деякі люди не можуть шукати Бога у вірі через те, що мають психічні розлади або одержимі злими духами. Тоді що їм робити?

У такому випадку їхні батьки або родичі повинні показати їм достатню віру в Бога від імені таких людей. Тоді Бог любові, побачивши їхню віру і щирість, відкриє двері спасіння.

За долю дитини відповідають батьки, якщо дитина помре до того як отримає можливість отримати спасіння. Отже я спонукаю вас зрозуміти, що жити у вірі дуже важливо не тільки для батьків, але й для їхніх нащадків.

Ви також повинні розуміти сутність Бога, для Якого душа однієї людини цінніша за цілий світ. Я спонукаю вас, щоби ви мали велику любов для того, щоби наглядати не тільки за своїми дітьми, але й за дітьми ваших сусідів і родичів у вірі.

Чи отримали спасіння Адам і Єва?

Бог вигнав Адама і Єву на землю після того, як вони скуштували плід із дерева знання добра і зла, через свою непокору. І вони ніколи не чули Євангеліє. Чи отримали вони спасіння? Дозвольте мені пояснити, чи отримали спасіння перші люди – Адам і Єва.

Адам і Єва не скорилися Богу

На початку Бог створив перших людей – Адама і Єву за Власною подобою і дуже їх любив. Бог приготував все заздалегідь для їхнього повного життя і привів їх в еденський рай. Там Адаму і Єві нічого не бракувало.

До того ж, Бог дав Адаму велику владу і авторитет керувати всім у всесвіті. Адам керував всіма живими творіннями на землі, в небі і під водою. Ворог – сатана і диявол – не смів увійти у рай, бо він охоронявся під наглядом Адама.

Бог ходив з ними. Він дав людям духовну освіту так доброзичливо – саме так, як батько вчить своїх улюблених дітей всьому від А до Я. Адам і Єва ні в чому не мали нестачу, але їх спокусив підступний змій, і вони з'їли заборонений плід.

Вони прийшли скуштувати смерть відповідно до Слова Божого, після чого вони безперечно мають померти (Буття 2:17). Інакше кажучи їхній дух помер, хоча вони були живими душами. Внаслідок цього Бог вигнав їх на землю з прекрасного еденського раю. Вдосконалення людства почалося на цій проклятій землі, і все, що на ній, теж було прокляте у той самий час.

Чи отримали спасіння Адам і Єва? Деякі люди можуть подумати, що вони не могли отримати спасіння, тому що все було прокляте, і їхні нащадки страждали насамперед через їхню непокору. Однак Бог любові залишив двері спасіння відкритими навіть для них.

Повне покаяння Адама і Єви

Бог прощає вас, якщо ви щиро покаялися і повернулися до Нього, навіть якщо ви маєте всі можливі види первородного гріха і дійсні гріхи, вчинені вами за вашого життя у цьому світі повному темряви і злості. Бог прощає вас, якщо ви каєтеся глибоко в серці і повертаєтеся до Нього навіть якщо ви були вбивцею.

Якщо порівняти Адама і Єву з сучасними людьми, можна сказати, що вони мали дійсно чисте і добре серце. Крім того, Сам Бог довгий час навчав їх любов'ю. Тож як Бог може відіслати Адама і Єву до пекла, не простивши їх, коли вони щиро покаялися?

Адам і Єва дуже сильно страждали, коли проходили процес вдосконалення на цій землі. Вони могли жити в мирі і завжди їсти плоди у будь-який час в еденському раю. Але тепер вони могли здобути їжу, проливаючи піт і важко працюючи. Єва повинна була народжувати, переживаючи великий біль. Вони проливали сльози і страждали від горя, спричиненого їхніми гріхами. Адам і Єва також стали свідками того, як одного з їхніх синів вбив інший син.

Вони дуже сумували за життям, яке вони мали в еденському раю під захистом Бога, коли могли відчувати Його любов. Адам і Єва фізично страждали у цьому світі. Коли вони жили в еденському раю, вони не розуміли свого щастя і не дякували Богові, бо сприймали своє життя, достаток, Божу любов, як належне.

Однак тепер вони зрозуміли, якими щасливими були у той час. І вони прийшли подякувати Богу за велику любов, яку Він дав їм. Зрештою, Адам і Єва повністю покаялися у своїх минулих гріхах.

Бог відкрив для них двері спасіння

Відплата за гріх – смерть, але Бог, який управляє всім з любов'ю і справедливістю, прощає гріхи, якщо люди повністю каються.

Бог любові дозволив Адаму і Єві потрапити на небеса після покаяння. Однак вони ледве отримали спасіння, щоби мати право жити у раю, тому що Бог справедливий. Їхній гріх – відмова від великої любові Бога – був не дрібним гріхом. Адам і Єва несуть відповідальність за те, що змусили розпочати вдосконалення людства. Також після їхнього гріха непокори почалися страждання, біль і смерть їхніх нащадків.

Навіть якщо Боже провидіння дозволило б Адаму і Єві їсти від дерева знання добра і зла, цей самий факт непокори привів незчисленну кількість людей до страждання і смерті. Тому Адам і Єва не могли увійти у краще місце на небесах, ніж рай, і звичайно не могли отримати жодної славної нагороди.

Бог робить все з любов'ю і справедливістю

Давайте розглянемо Божу любов і справедливість на прикладі апостола Павла.

Апостол Павло очолював гоніння на віруючих в Ісуса Христа і ув'язнював їх, коли сам не знав Ісуса. Коли Степан став мучеником і свідчив про Господа, Павло спостерігав, як Степана побивали камінням до смерті і вважав, що це правильно.

Однак Павло зустрів Господа і прийняв Його по дорозі у Дамаск. У той час Господь сказав йому, що він стане апостолом язичників і буде багато страждати. Відтоді апостол Павло щиро покаявся і пожертвував всім своїм життям для Господа.

Павло міг увійти у Новий Єрусалим, бо виконував своє доручення з радістю, хоча багато страждав. Він був дуже вірним Господу, так що відмовився від себе заради Господа.

Закон природи у цьому світі полягає у тому, що посієш, те й пожнеш. Цей самий закон панує і в духовному світі. Ви посієте доброту, ви її і пожнете, але ви пожнете зло, якщо посіяли його.

Тому, як видно із прикладу Павла, ви повинні охороняти свою душу, бути пильними і пам'ятати, що випробування переслідуватимуть вас за ваші минулі гріховні вчинки, навіть якщо ви отримаєте прощення, щиро покаявшись.

Що сталося з першим вбивцею – Каїном?

Яка доля спіткала першого вбивцю – Каїна, котрий помер, не почувши Євангелія? Давайте подумаємо, чи отримав він спасіння через суд совісті?

Брати Каїн і Авель принесли жертву Богу

Адам і Єва народили дітей на землі після того, як Бог вигнав їх з еденського раю. Каїн був їхнім першим сином, а Авель – молодшим. Коли вони стали дорослими, вони принесли жертву Богу. Каїн приніс у жертву плоди землі, а Авель приготував первородного ягня зі своєї отари овець.

Бог ласкаво подивився на Авеля і його жертвоприношення, але йому не сподобалася жертва Каїна. Тож чому Бог ласкаво подивився на Авеля і чому Йому сподобалася його жертва?

Ви не повинні приносити жертву Богові проти Його волі. За законом духовного закону ви повинні поклонятися Богу з кров'ю жертви, яка може простити гріхи. Тому у часи Старого Заповіту люди приносили в жертву бичків або ягнят для поклоніння Богу, але у часи Нового Заповіту Ісус – Агнець Божий – став жертвою спокути, проливши Свою кров.

Бог з радістю приймає вас, дає відповіді на молитви, благословляє вас, коли ви поклоняєтеся Йому з жертовною кров'ю, тобто тоді, коли ви поклоняєтеся Йому у дусі. Духовне жертвоприношення означає поклоніння Богові в дусі і істині. Бог не радіє вашому поклонінню, якщо ви дрімаєте, або слухаєте Слово, думаючи про марне під час богослужіння.

Бог ласкаво дивився тільки на Авеля і його жертву

Адам і Єва звичайно дуже добре знали духовний закон щодо жертвоприношення, тому що Бог довгий час вчив їх закону в еденському раю, коли ходив з ними. Звичайно, вони вчили своїх дітей, як слід належно приносити жертву Богові.

З одного боку Авель поклонявся Богу з жертовною кров'ю відповідно до того, як він був навчений своїми батьками. З іншого боку Каїн не приніс жертву, але приніс деякі плоди землі у жертву Богу за власним міркуванням.

Про це сказано у Посланні до євреїв 11:4: *«Вірою Авель приніс Богові жертву кращу, як Каїн; нею засвідчений був, що він праведний, як Бог свідчив про дари його; нею, і вмерши, він ще промовляє»*.

Бог прийняв жертву Авеля, бо він духовно поклонявся Богу, був вірним і корився Його волі. Однак Бог не прийняв жертву Каїна, тому що він не служив Богові у дусі. Він поклонявся Богу тільки відповідно до власних стандартів і методів.

Каїн вбив Авеля через заздрість

Побачивши, що Бог прийняв жертву брата, Каїн дуже розсердився, і зажурився. Зрештою він напав на Авеля і вбив його.

Минуло лише одне покоління від початку вдосконалення людства, але ми бачимо, що непокора породила заздрість, заздрість породила жадібність і ненависть, а вони вже у свою чергу втілилися у вбивство. Як це жахливо!

Ви можете бачити, як швидко народ зіпсував своє серце гріхом як тільки люди дозволили гріху увійти в їхнє серце. Тому ви не повинні дозволяти навіть незначному гріху увійти у ваше серце, але негайно звільнитися від нього.

Що сталося з першим вбивцею – Каїном? Деякі люди сперечаються про те, що Каїн не міг отримати спасіння, тому що він вбив свого праведного брата Авеля.

Каїн знав, хто такий Бог, від своїх батьків. Порівняно з сучасними людьми, люди за часів Каїна успадковували відносно неважкий первородний гріх від своїх батьків. Совість Каїна була чистою, не дивлячись на те, що він одним махом вбив свого брата через заздрість.

Тому якщо Каїн вчинив убивство, він міг покаятися через Боже покарання, і Бог явив йому Свою милість: Він пощадив його.

Каїн отримав спасіння після повного покаяння

У Книзі Буття 4:13-15 Каїн звертається до Бога кажучи, що таке покарання для нього дуже суворе, і благає змилуватися над ним, коли він був проклятий і став мандрівником та заволокою на землі. Бог відповів: *«Через те кожен, хто вб'є Каїна, семикратно буде піїмщений»*. І Бог містив знак на Каїна, щоб не вбив його кожен, хто стріне його.

Ви маєте зрозуміти, наскільки щирим було покаяння Каїна після того, як він вбив свого брата. Тільки тоді він зміг спілкуватися з Богом, і Бог помістив знак на Каїна, що свідчив про прощення. Якщо би Каїн був повністю загубленим і йому належало провести вічність у пеклі, тож навіщо було Богові слухати благання Каїна, а тим більше поміщати на нього знак?

Каїн повинен був стати невтомним мандрівником на землі у покарання за вбивство свого брата, але він отримав прощення через покаяння у своєму гріху. Однак, як і у випадку з Адамом, Каїн ледве отримав спасіння, і йому було дозволено жити на краю раю, навіть не в його середині.

Справедливий Бог не міг дозволити Каїну увійти у краще місце на небесах, не дивлячись на його покаяння. Незважаючи на те що Каїн жив у порівняно чистішому та менш гріховному віці, він все ж-таки був досить грішним, бо вбив свого рідного брата.

Незважаючи на те, що Каїн, можливо, міг потрапити в інше місце на небесах, якщо би він вдосконалив свою грішну душу і став би добрим та дуже постарався догодити Богові всім серцем та докладаючи для цього максимум зусиль. Однак совість Каїна не була настільки доброю і чистою.

Чому Бог не карає грішних людей відразу?

Під час вашого життя у вірі у вас може з'явитися багато питань. Деякі люди дуже нечестиві, але Бог не карає їх. Інші страждають від хвороб або помирають через свою гріховність. Однак інші люди вмирають у молодому віці, хоча здається, що вони дуже вірні Богові.

Наприклад, цар Саул був досить нечестивою людиною. Він намагався вбити Давида, незважаючи на те, що він знав, що Бог помазав Давида. І все-таки Бог залишив царя Саула без покарання. В результаті Саул переслідував Давида навіть ще більше.

Це був приклад провидіння Божої любові. Бог бажав навчити Давида виготовити великий ковчег і зрештою поставити його царем за допомогою царя Саула. Ось чому цар Саул помер, коли дисциплінування Давида було завершено.

Також, в залежності від кожної особистості Бог карає людей відразу, або дозволяє їм жити без покарання. В усьому є провидіння і любов Бога.

Ви повинні прагнути кращого місця на небесах

У Євангелії від Івана 11:25-26 Ісус сказав: *«Я воскресення й життя. Хто вірує в Мене, хоч і вмре, буде жити. І кожен, хто живе та хто вірує в Мене, повіки не вмре. Чи ти віруєш в це?»*

Ті, хто отримав спасіння, прийнявши Євангеліє, безперечно воскреснуть, матимуть духовне тіло і насолоджуватимуться вічною славою на небесах. Люди, які ще живуть на землі, вознесуться на хмарі, щоби зустріти Господа на повітрі, коли Він сходитиме з небес. Чим більше ви будете схожими на образ Бога, тим краще місце на небесах ви отримаєте.

Про це Ісус говорить нам в Євангелії від Матвія 11:12: *«Від днів же Івана Христителя й досі Царство Небесне здобувається силою, і ті, хто вживає зусилля, хапають його».* Ісус дав нам іншу обітницю в Євангелії від Матвія 16:27: *«Бо прийде Син Людський у славі Свого Отця з Анголами Своїми, і тоді віддасть кожному згідно з ділами його».* У 1 Посланні до коринтян 15:41 також зазначається: *«Інша слава для сонця, та інша слава для місяця, та інша слава для зір, бо зоря від зорі відрізняється славою!»*

Ви не можете не бажати кращого місця на небесах. Ви повинні докласти зусиль, щоби стати святішими і вірнішими в усьому Божому домі, щоби вам було дозволено увійти у Новий Єрусалим, де знаходиться престол Божий. Ніби господар під час збору врожаю, Бог бажає привести якнайбільше людей у краще Царство Небесне після процесу вдосконалення людства на цій землі.

Для того, щоби потрапити на небеса, ви повинні добре знати духовний світ

Люди, які не знали Бога і Ісуса Христа, навряд можуть потрапити до Нового Єрусалиму, незважаючи на те, що вони отримали спасіння через суд совісті.

Є такі люди, котрі чітко не знайомі з провидінням вдосконалення людства, сутністю Бога та духовним світом, незважаючи на те, що вони чули Євангеліє. Тому вони не знають того, що сильні люди здобувають Царство Небесне, а також не мають надії на Новий Єрусалим.

Бог звертається до нас: *«Будь вірний до смерти, і Я тобі дам вінця життя!»* (Об'явлення 2:10) Бог щедро нагородить вас на небесах відповідно то посіяного вами. Нагорода дуже дорога, тому що вона триває і залишається славетною вічно.

Якщо ви пам'ятатимете про це, ви можете добре підготувати себе як прекрасна наречена Господа, як п'ять розумних дів, і сповнитися повноти духа.

У 1 Посланні до солунян 5:23 читаємо: *«А Сам Бог миру нехай освятить вас цілком досконало, а непорушений дух ваш, і душа, і тіло нехай непорочно збережені будуть на прихід Господа нашого Ісуса Христа!»*

Тому ви повинні ретельно підготуватися як наречена Господа, щоби сповнитися повноти духа перед поверненням Господа Ісуса Христа, або коли Бог покличе вашу душу, яка може прийти першою.

Недостатньо приходити до церкви кожної неділі і говорити: «Я вірую». Ви повинні позбутися будь-якого гріха і бути вірними в усьому домі Божому. Чим більше ви догоджаєте Богові, тим кращим буде місце на небесах, у яке ви зможете увійти.

Я спонукаю вас стати справжньою дитиною Божою, маючи такі знання. В ім'я Господа нашого Ісуса Христа я молюся про те, щоби ви не просто ходили з Господом тут, на землі, але й вічно жили ближче до престолу Бога на небесах.

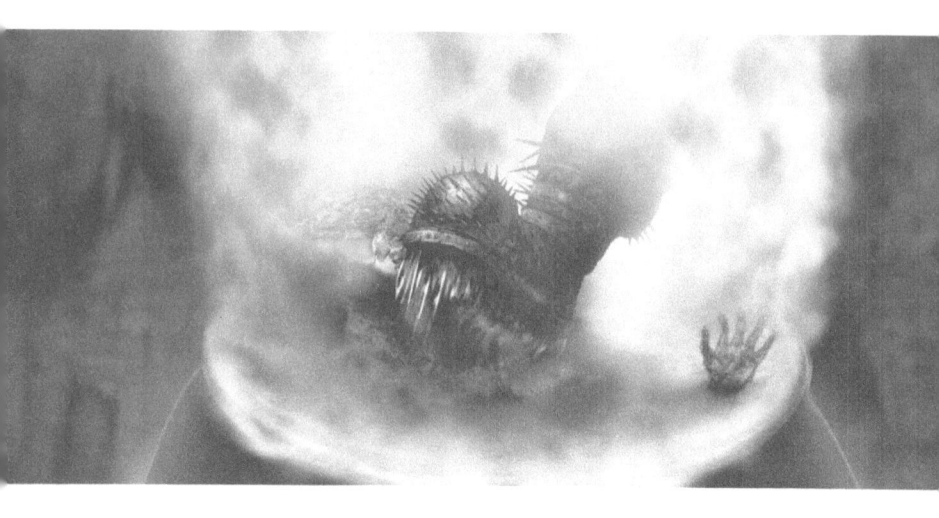

Розділ 3

Нижній шеол та справжність посланців пекла

Посланці пекла забирають людей у Нижній шеол

Місце очікування для царства злих духів

Різні покарання за різні гріхи у Нижньому шеолі

Люципер керує Нижнім шеолом

Справжність посланців пекла

*Бо як Бог Анголів, що згрішили,
не помилував був, а в кайданах темряви
вкинув до аду, і передав зберігати на суд;*
- 2 Петра 2:4 -

*Попрямують безбожні в шеол,
всі народи, що Бога забули.*
- Псалми 9:18 -

Кожен рік під час збору врожаю господарі радіють, очікуючи зібрати гарний врожай. Однак важко збирати весь час першу пшеницю, навіть якщо вони старанно працюють день за днем, ніч за ніччю, удобрюючи, виполюючи та доглядаючи. Врожай може бути другосортним, третьосортним. Може траплятися і полова.

Люди не можуть їсти полову замість їжі. Крім того, полову не можна збирати разом із пшеницею, бо полова зіпсує пшеницю. Тому господар збирає полову і спалює її або використовує як добриво.

Те саме відбувається із зрощенням людства на цій землі. Бог шукає справжніх дітей, котрі також мають святий і бездоганний образ Бога. Однак є деякі люди, які не повністю позбулися своїх гріхів, та інші, яких повністю поглинув гріх, і які втратили людську гідність. Бог бажає прийняти святих та істинних дітей Божих. Але Він збирає на небеса навіть тих, хто помер так і не позбавившись повністю гріхів, адже вони намагалися жити у вірі.

З одного боку Бог не відсилає людей у жахливе пекло, якщо вони мають віру з гірчичне зерно та вірять у кров Ісуса Христа, незважаючи на Його початкову ціль зростити і зібрати тільки істинних дітей. З іншого боку, ті хто не вірить в Ісуса Христа і бореться проти Бога до кінця, не мають іншого вибору, і потрапляють до пекла, тому що вони обрали руйнівний шлях через власний гріх.

Тоді яким чином душі, які не отримали спасіння, потраплять до Нижнього шеолу, і яке вони матимуть покарання? Я детально розповім про Нижній шеол, який належить пеклу, а також про справжність посланців пекла.

Посланці пекла забирають людей у Нижній шеол

З одного боку, коли помирає віруюча людина, яка отримала спасіння, два ангели приходять, щоби провести її у Верхній шеол, який належить небесам. В Євангелії від Луки 24:4 ми бачимо двох ангелів, які чекають на Ісуса після Його поховання і воскресіння. З іншого боку, коли помирає людина, яка не отримала спасіння, два посланці пекла приходять, щоби відвести людину до Нижнього шеолу. Звичайно, можна дізнатися, чи отримала ця людина спасіння перед смертю. Для цього можна подивитися на вираз обличчя померлої людини.

Перед смертю

Перед смертю духовні очі людини відкриваються. Людина помирає спокійно, посміхаючись, якщо вона бачить ангелів у променях світла, і труп не костеніє швидко. Навіть після двох-трьох днів мертве тіло не розкладається, від нього не виходить неприємний запах. Здається, ніби людина ще жива.

Однак напевно як жахливо почувають себе люди, які не отримали спасіння, коли бачать страшних посланців пекла? Вони помирають, відчуваючи надзвичайний страх, не можуть закрити очі.

Якщо неможливо зрозуміти, чи отримала людина спасіння, ангели і посланці пекла борються між собою, щоб забрати душу людини до себе. Тому людина почуває занепокоєння перед смертю. Як злякається та стурбується людина, коли побачить посланців пекла, які почнуть звинувачувати її, постійно повторюючи: «В нього (в неї) немає віри, щоби отримати спасіння»?

В останні хвилини життя людини, яка має слабку віру, люди, які мають міцну віру, повинні допомогти їй отримати більше віри через поклоніння і прославляння. Тоді ця людина може отримати спасіння навіть перед самою смертю, через віру, навіть отримавши ганебне спасіння і потрапивши лише до раю.

Ви можете побачити, що людина, яка скоро помре, стає спокійною, бо вона отримує віру для спасіння, у той час коли люди поклоняються Богові та прославляють ім'я Бога за неї. Коли людина з міцною вірою незабаром має померти, вам не треба допомагати їй зрости чи отримати віру. Краще надати їй надію і радість.

Місце очікування для царства злих духів

З одного боку, навіть людина з дуже слабкою вірою може отримати спасіння, якщо вона має віру від поклоніння і прославляння у передсмертні хвилини. З іншого боку, якщо людина не отримала спасіння, посланці пекла проводжають її до місця очікування, що належить Нижньому шеолу. І вона повинна пристосуватися до царства злих духів.

Саме як душі, які отримали спасіння, мають три дні для адаптації у Верхньому шеолі, люди, які не отримали спасіння, також три дні перебувають у місці очікування, яке нагадує собою величезну яму у Нижньому шеолі.

Три дні адаптації у місці очікування

Місце очікування у Верхньому шеолі, де три дні перебувають душі людей, які отримали спасіння, сповнене радості, спокою і надії на чудове життя у майбутньому. Однак місце очікування у Нижньому шеолі прямо протилежне.

Душі людей, які не отримали спасіння, житимуть у нестерпних муках, зносячи різноманітні покарання відповідно до їхніх справ, які вони вчинили на цій землі. Перед тим, як потрапити у Нижній шеол, вони готуються до життя у світі злих духів. Ці три дні у місці очікування не проходять спокійно. Це тільки початок їхнього тяжкого вічного життя.

Різноманітні птахи з великими і гострими дзьобами клюють їхні душі. Ці птахи – потворні і огидні духовні тіла, не схожі на птахів цього світу.

Душі, які не отримали спасіння, вже відділені від своїх тіл, а отже ви можете подумати, що вони не відчувають біль. Однак ці птахи можуть зробити їм боляче, тому що птахи у місці очікування – також духовні істоти.

Кожного разу, коли птахи клюють душі, вони розривають їхні тіла на частини, здирають шкіру, і з них тече кров. Душі намагаються сховатися від ненажерливих птахів, але не можуть. Вони лише відбиваються і з криками припадають до землі. Інколи птахи підходять для того, щоби вийняти їхні очі.

Різні покарання за різні гріхи у Нижньому шеолі

Після триденного перебування у місці очікування душі, які не отримали спасіння, розміщуються у різних місцях покарання у Нижньому шеолі відповідно до гріхів, які вони вчинили у цьому світі. Небеса дуже просторі. Пекло також настільки просторе, що там є безліч відокремлених місць, де розміщуються душі, які не отримали спасіння, навіть у Нижньому шеолі, який є лише частиною пекла.

Різні місця покарання

Нижній шеол – це абсолютно темне і сире місце. Душі відчувають там спопеляючий жар. Душі, які не отримали спасіння, постійно будуть катувати, бити, клювати і рвати.

У цьому світі, якщо вам відрізали ногу або руку, вам доводиться жити без них. Коли ви помираєте, фізичні страждання і біди зникають із приходом смерті. Однак у Нижньому шеолі якщо вам відрублять шию, вона знову відновиться. Навіть якщо вам відріжуть частину тіла, воно скоро знову стане цілим. Саме так як неможливо нарізати тонкими скибочками воду навіть найгострішим мечем або ножем, жодні тортури, клювання або розривання частин тіла на шматки не припинять передсмертні муки.

Ваші очі скоро відновляться після того, як птахи повикльовують їх. Навіть якщо ви поранені і ваші кишки вивалилися назовні, ви скоро будете відновлені. Ваша кров литиметься безкінечно під час катування, але ви не помрете, бо кров скоро знову наповнить вас. Ці катування ви відчуватимете неодноразово.

Тому існує ріка крові, яка витікає із душ у Нижньому шеолі. Пам'ятайте, що дух – безсмертний. Коли він постійно страждає від катування, біль також продовжується цілу вічність. Душі благають смерті. Але вони не можуть померти, їм не дозволяється помирати. Від безперервних тортур Нижній шеол сповнений людським криком, стогоном, запахом крові і гниття.

Крики передсмертних мук у Нижньому шеолі

Думаю, деякі із вас безпосередньо із власного досвіду знають, що таке війна. Або ви, напевно, бачили жахливі сцени з криками і стражданнями людей художніх або історичних фільмах. Всюди – поранені. Деякі втратили на полі бою ногу або руку. Їхні очі вибиті, і навіть мозок вивернутий назовні. Ніхто не знає, коли почнеться артилерійський обстріл. Те місце сповнене задушливим димом артилерійського вогню, запахом крові, стогоном і криками. Люди можуть назвати таку сцену «земним пеклом».

Однак катастрофічне видовище Нижнього шеолу набагато гірше, ніж найжахливіша сцена будь-якого поля бою на цій землі. Крім того, душі у Нижньому шеолі страждають не тільки від теперішніх тортур, але й від страху майбутніх катувань.

Катування надто жахливе, але душі марно намагаються врятуватися від нього. До того ж, на них чекає лише яскраво палаючий вогонь і сірка, що горить вогнем.

Душам буде дуже прикро, коли вони побачать у пеклі палаючу сірку. Плачучи, вони промовлятимуть: «Треба було повірити, коли мені проповідували Євангеліє... Треба було не грішити...!» Однак другого шансу не буде. І для цих душ вже не буде спасіння.

Люципер керує Нижнім шеолом

Можливо, людина не може збагнути, яким великим буде покарання у Нижньому шеолі. Саме так, як змінюються способи тортур у цьому світі, змінюються катування у Нижньому шеолі.

Деякі люди можуть страждати від гниття власного тіла. Інші – від того, що їхні тіла їдять різноманітні жуки і комахи, п'ють їхню кров. Інші притиснуті до палаючих гарячих скель, або залишаються стояти на піску, температура якого у сім разів вища від температури пісків на пляжах і у пустелях цієї землі. В деяких випадках посланці пекла самі катують душі.

До інших способів катування входять вода, вогонь та інші неймовірні методи та обладнання.

Бог любові не керує цим місцем, приготованим для душ, які не отримали спасіння. Бог дав злим духам владу панувати у цьому місці. Голова всіх злих духів, Люципер, керує Нижнім шеолом, де повинні перебувати душі людей, які не отримали спасіння, як полова. Тут немає милосердя і жалю. Люципер контролює всі питання у Нижньому шеолі.

Особа Люципера – голови всіх злих духів

Хто такий Люципер? Він був одним із архангелів, котрого Бог дуже любив і називав «сином зірниці досвітньої» (Ісаї 14:12). Однак він повстав проти Бога і став головою злих духів.

Ангели на небесах не мають людської природи і свободи волі. Тому вони не можуть обирати речі за власним бажанням, вони лише можуть виконувати накази, як роботи. Проте Бог зокрема надає деяким ангелам людської природи і ділиться з ними Своєю любов'ю. Люципер, котрий був одним з таких ангелів, відповідав за небесну музику. Люципер прославляв Бога своїм чудовим голосом і за допомогою музичних інструментів і догоджав Богові, співаючи Йому славу.

Однак він поступово став зухвалим через те, що Бог по-особливому любив його. Бажання Люципера стати вищим, могутнішим за Бога, згодом підштовхнуло його до протесту проти Бога.

Люципер кинув виклик Богові, повставши проти Нього

В Біблії розповідається про те, що величезна кількість ангелів пішли слідом за Люципером (2 Послання Петра 2:4; Послання Юди 1:6). На небесах існує незліченна кількість ангелів, і приблизно третя частина з них пішла слідом за Люципером. Ви можете уявити собі, як багато ангелів приєдналося до Люципера? Люципер повстав проти Бога через свою зухвалість.

Як така велика кількість ангелів могла піти за Люципером? Ви можете це легко зрозуміти, якщо подумаєте про те, що ангели слухаються наказів, як роботи.

Спочатку Люципер отримав підтримку деяких головних ангелів, які були під його впливом, а потім він легко підкорив їхніх підлеглих ангелів.

Крім ангелів серед духовних створінь за бунтівником-Люципером пішли ще дракони, частина херувимів. Люципер, який кинув виклик Богові, все-таки отримав поразку і покинув небеса разом зі своїми прихильниками. Потім вони були ув'язнені у безодні доки не знадобилося їх використати для вдосконалення людства.

> «Як спав ти з небес, о сину зірниці досвітньої, ясная зоре, ти розбився об землю, погромнику людей! Ти ж сказав був у серці своєму: Зійду я на небо, повище зір Божих поставлю престола свого, і сяду я на горі збору богів, на кінцях

північних, підійймуся понад гори хмар, уподібнюсь Всевишньому! Та скинений ти до шеолу, до найглибшого гробу!» (Книга пророка Ісаї 14:12-15)

Коли Люципер перебував поряд з Богом на небесах, він був дуже гарним. Його красу навіть неможливо описати. Однак після повстання він став потворним і жахливим.

Люди, які бачили його духовними очима, кажуть, що Люципер настільки потворний, що, побачивши його, ви відразу зрозумієте, що то він. Він має похмурий вигляд, його скуйовджене волосся пофарбоване у різні кольори: червоний, білий, жовтий. Воно піднімається високо, так що сягає неба.

Сьогодні Люципер управляє людьми так, щоби вони імітували його у одязі та зачісці. Коли люди танцюють, вони стають дуже нестриманими, збудженими, потворними, і показують пальцем на інших.

Це тенденції, які у наш час запроваджує Люципер, і вони швидко поширюються у культурі та через засоби масової інформації. Ці тенденції можуть завдати шкоди людським почуттям і привести до безладдя. Крім того, ці тенденції вводять людей в оману, щоби ті віддалилися від Бога і навіть зреклися Його.

Діти Божі не повинні бути такими, вони не повинні захоплюватися тенденціями цього світу. Якщо ви захопитеся тенденціями цього світу, звичайно ви відпадете від любові Бога, бо земні пристрасті опанують вашими думками і душею (1 Послання Івана 2:15).

Злі духи зробили Нижній шеол страшним місцем

З одного боку, Бог любові – це абсолютне добро. Він готує абсолютно все для нас у Своєму мудрому, розумному піклуванні і розсудливості. Він бажає, щоби ми жили вічно в абсолютному щасті у прекрасних небесах. З іншого боку, Люципер – це абсолютне зло. Злі духи як прихильники Люципера завжди думають про суворіші способи катування людей. У їхній злій мудрості вони роблять Нижній шеол ще страшнішим місцем, вигадуючи всілякі способи катування.

Навіть у цьому світі на протязі всієї історії людства люди вигадували різноманітні жорстокі способи катування. Коли Корея перебувала під владою Японії, японці катували корейських лідерів національно-визвольного руху, встромляючи під нігті бамбукові голки, або по черзі зриваючи нігті з пальців рук та ніг. Вони також заливали в очі і ніздрі суміш з води і червоного перцю, підвішуючи нещасних вниз головою. Гидкий запах припеченого м'яса заповнював кімнату, де відбувалися тортури, бо японські кати підпалювали різні частини тіла лідерів розжареним металом. Коли в'язнів жорстоко били, їхні внутрішні органи випадали із живота назовні.

Як катували злочинців впродовж всієї історії Кореї? Одним із видів катування було скручування ніг. Коліна і щиколотки злочинця зв'язувалися, а між литками вставлялися дві палиці. Кістки ніг розбивалися, коли кат рухав ці палиці. Можете собі уявити, як то було боляче?

Людина здатна вигадувати жорстокі катування. Тоді наскільки жорстокішими і страшнішими вони можуть бути, якщо їх вигадуватимуть злі духи, які мають сильнішу уяву та здатність для катування душ, які не отримали спасіння? Для них це задоволення – розробляти різноманітні методи катування і мучити ними душі, які не отримали спасіння.

Тому ви повинні знати, яким є світ злих духів. Тоді ви зможете керувати ними, контролювати та перемагати їх. Ви можете легко подолати їх, якщо будете тримати себе у чистоті і святості, не підкоряючись правилам цього світу.

Справжність посланців пекла

Хто вони, посланці пекла, котрі катують у Нижньому шеолі людей, які не отримали спасіння? Це – грішні ангели, котрі, збунтувавшись, пішли слідом за Люципером ще до початку світу.

> *«І Анголів, що не зберегли початкового стану свого, але кинули житло своє, Він зберіг у вічних кайданах під темрявою на суд великого дня»* (Послання Юди 1:6).

Грішні ангели не можуть вільно потрапити у цей світ, тому що Бог скував їх у темряві до суду великого білого престолу. Деякі люди твердять, що демони – це грішні ангели, але це не так. Демони – це душі, які не отримали спасіння, яких випустили з Нижнього шеолу, щоби вони виконували свою роботу за особливих умов. Детальніше я розповім про це у 8 розділі.

Ангели, які згрішили разом із Люципером

Бог скував грішних ангелів у темряві – пеклі – для суду. Отже грішні ангели не можуть прийти у цей світ, тільки у особливих випадках.

Вони були прекрасними доки не повстали проти Бога. Однак посланці пекла втратили свою красу та блиск відколи згрішили, і були прокляті.

Вони такі страшні, що викликають огиду. Обличчям вони схожі на людей, або носять маски різних огидних тварин.

Їхній вигляд схожий на вигляд нечистих тварин (свиней), про що записано у Біблії (Книга Левит 11). Але вони були прокляті, огидні образи. Вони також прикрашали свої тіла гротескними кольорами і малюнками.

Вони носять залізну зброю і військові черевики. Гострі знаряддя катування міцно прив'язані до їхнього тіла. Часто вони тримають у руках ніж, спис або батіг.

Вони приймають деспотичну позу, і ви можете відчути їхню силу, коли вони ходять, бо вони випробовують свою абсолютну силу і владу у темряві. Люди дуже бояться демонів. Але посланці пекла страшніші за демонів.

Посланці пекла катують душі

Яка насправді роль посланців пекла? По-перше – катувати душі, які не отримали спасіння, оскільки вони є відповідальними за пекло.

Особливі катування, які виконують посланці пекла, збережені для тих, хто має тяжчі покарання у Нижньому шеолі. Наприклад, посланці у масках потворних свиней, нарізають тонкими скибочками тіла душ або надувають їх, як повітряні кульки, а потім лопають їх чи шмагають батогом.

Крім того, вони різними способами катують людей. Катують навіть дітей. Наш дух розбивається від того, що посланці пекла колють та б'ють дітей заради розваги. Тому вам треба зробити все можливе, щоби жодна душа не потрапила до пекла, жорстокого, страшного, поганого місця, сповненого безкінечного болю і страждання.

У 1992 році я майже не помер від перевтоми і надмірного напруження. У той момент Бог показав мені багатьох членів церкви, що копіювали цей світ. Я дуже сподівався, що буду з Господом доки не побачив цю картину. Тоді я більше не хотів бути з Господом, бо дізнався, що багато моїх овець потрапить до пекла.

Отже я передумав і попросив Бога, щоби Він воскресив мене. У той же час Бог дав мені силу. І на диво я зміг піднятися з ліжка, де щойно лежав, помираючи, і відразу одужав. Мене воскресила сила Божа. Бо я добре і багато знаю про пекло. Я старанно розкриваю секрети пекла, які Бог розкрив мені у моєму сподіванні спасти одну або більше душ.

Розділ 4

Покарання у Нижньому шеолі для дітей, що не отримали спасіння

Ембріони і грудні діти

Діти віком від двох до трьох років

Діти, які вже навчилися ходити та розмовляти

Діти віком від шести до дванадцяти років

Молодь, яка насміхалася над пророком Єлисеєм

*Нехай же впаде на них смерть,
нехай зійдуть вони до шеолу живими,
бо зло в їхнім мешканні, у їхній середині!*
- Псалми 55:16 -

*І відійшов він звідти до Бет-Елу. А коли він ішов дорогою,
то малі хлопці виходили з того міста й насміхалися з нього,
і казали йому: Ходи, лисий! Ходи, лисий! І він обернувся назад
і побачив їх, та й прокляв їх Іменем Господнім.
І вийшли дві ведмедиці з лісу,
і розірвали з них сорок і двоє дітей...*
- 2 царів 2:23-24 -

У попередньому розділі я розповів про те, як грішний ангел Люципер керує пеклом, і як інші грішні ангели правлять під керівництвом Люципера. Посланці пекла катують душі, що не отримали спасіння, відповідно до їхніх гріхів. Здебільшого покарання у Нижньому шеолі поділяється на чотири рівня. Найвища кара накладається на людей, які потрапляють до пекла в результаті суду совісті. Найтяжче покарання очікує тих, чия совість таврована розпеченим залізом, хто протистояв Богу, як Юда Іскаріотський, котрий продав Ісуса заради власної вигоди.

У наступних розділах я детально розповім про види покарань, які накладаються на душі тих, хто не отримав спасіння, у Нижньому шеолі, що належить пеклу. Перед тим як зануритися у перелік покарань для дорослих, я розповім про покарання, які накладаються на душі дітей різних вікових груп, що не отримали спасіння.

Ембріони і грудні діти

Навіть нерозумне дитя може потрапити до Нижнього шеолу, якщо воно не пройде суд совісті через гріховну природу, успадковану ним від невіруючих батьків. Дитина отримає відносно легке покарання, тому що її гріх нетяжкий у порівнянні з гріхом дорослої людини, але дитина все ж – таки страждає від голоду і нестерпного болю.

Пекло

Грудні діти плачуть і потерпають від голоду

Відірвані від грудей діти, які не можуть ще ходити або говорити, відокремлюються за категоріями і ув'язнюються у великому місці. Вони не можуть думати, рухатися, ходити самостійно, тому що малюки, які не отримали спасіння, зберігають такі самі риси обличчя і совість, які вони мали на момент смерті.

Крім того, вони не знають, чому вони потрапили у пекло, бо вони не мають ніяких знань. Вони просто плачуть від голоду, бо їм це властиво, вони не знають своїх батьків. Посланець пекла проколює живіт немовля, ручку, ніжку, око, ніготь на руці чи на нозі за допомогою гострого предмету, що нагадує собою буравчик. Немовля пронизливо кричить, а посланець пекла просто сміється, із задоволенням катуючи його. Не дивлячись на те, що діти постійно плачуть, ніхто не піклується про них. Їхній плач продовжується крізь виснаження і сильний біль. До того ж, посланці пекла інколи збираються у коло, обирають одну дитину і надувають її, як повітряну кульку. Потім вони кидають, штовхають ногою, ловлять дитину, жартуючи. Це дуже жорстоко і страшно!

Покинуті ембріони позбавлені тепла і комфорту

Яка доля спіткає ембріони, котрі помирають, не народившись? Як я вже пояснював, більшість з них отримують спасіння, але є деякі виключення. Деякі ембріони не можуть отримати спасіння, бо вони отримали від зачаття найгірші характеристики, успадковані від батьків, які серйозно повстали проти Бога і чинили надзвичайно лихі вчинки. Ембріони, душі яких не отримали спасіння, також ув'язнені в одному місці, такому ж, де знаходяться діти, відірвані від грудей.

Їх не катують так жорстоко, як душі старших, бо вони не мають свідомості, вони не вчинили жодного гріха до своєї смерті. Їхнє покарання і прокляття заключаються у тому, що вони залишилися без тепла і комфорту, який вони відчували у материнському лоні.

Тіло у Нижньому шеолі

У якому тілі перебувають у Нижньому шеолі душі, які не отримали спасіння? З одного боку, коли помирає дитина, відірвана від грудей, вона ув'язнюється там у тілі дитини. Якщо ембріон помирає у лоні матері, він ув'язнюється у Нижньому шеолі у тілі ембріона. З іншого боку, душі, які отримали спасіння і потрапили на небеса, матимуть нове, воскресле тіло після другого пришестя Ісуса Христа, хоча вони матимуть таке саме тіло, яке мали на землі. У той час всі перетворяться на прекрасну 33-річну особу, якою був Господь Ісус, і одягнуть духовне тіло. Люди невеликого зросту матимуть найоптимальніший зріст, а люди без ноги або руки отримають відновлене тіло.

Однак душі, які не отримали спасіння, у пеклі не зможуть мати нове, відновлене тіло навіть після Другого пришестя Господа. Вони не можуть воскреснути, тому що вони не отримали життя від Ісуса Христа, а отже, залишилися у такому ж тілі, яке вони мали на момент смерті. Їхні обличчя і тіла бліді і темно-сині, як у мерців, а волосся настовбурчене від пекельного жаху. Деякі носять лахміття, інші – лише деякі елементи одягу, а деяким навіть нічим вкрити своє тіло.

На небесах душі, які отримали спасіння, вдягнені у прекрасне біле вбрання, а на голові сяють яскраві корони. Крім того, яскравість одягу і прикрас відрізняються відповідно до слави кожного і його винагороди. З іншого боку, у пеклі вигляд душ, які не отримали спасіння, відрізняється відповідно до величини та різновиду їхніх гріхів.

Діти віком від двох до трьох років

Новонароджені діти ростуть і вчаться ставати на ніжки, починають ходити і вимовляти перші слова. Коли вони помирають, яка кара буде накладена на них?

Такі діти також зібрані в одному місці. Вони страждають підсвідомо, бо вони не могли міркувати логічно, або розсудливо судити про те, що відбувається, на момент їхньої смерті.

Діти кличуть своїх батьків, відчуваючи нестерпний жах

Таким дітям лише два або три роки. Отже, вони не усвідомлюють навіть свою смерть і не розуміють, чому опинилися у пеклі, але вони пам'ятають своїх матусь і татусів. Тому вони постійно повторюють, плачучи: «Де ви, мамо, тато? Я хочу додому! Чому я тут?»

Коли діти жили у цьому світі, їхні матусі швидко підбігали до них, міцно обіймали, притискаючи до грудей, наприклад, коли ті падали і дряпали коліна. Однак їхні матусі не підійдуть, щоби заспокоїти діток, навіть якщо вони будуть голосно кричати, коли їхні тіла повністю заллє кров. Дитина завжди плаче і кричить від страху, гукаючи свою матусю, коли загубиться у супермаркеті або універмазі.

Діти не можуть знайти своїх батьків, які б врятували їх від цього жахливого пекла. Цей факт сам по собі є досить жахливим, що приводить їх у нестерпний страх. Крім того, страшні голоси і безглуздий сміх посланців пекла змушують дітей кричати і плакати ще голосніше, але все марно.

Щоби згаяти час, посланці пекла ляпають дітей по спинах, топчуть або шмагають їх. Потім діти, перебуваючи у шоці від болю, намагаються припасти до землі чи втекти від них. Однак у такому переповненому місці діти не можуть втекти, і пхикаючи та заливаючись сльозами, вони заплутуються поміж інших, їх підтоптують під ноги, вони набивають синці і раняться до крові. Через це діти постійно плачуть. Вони дуже хочуть повернутися до своїх матусь, вони голодні і налякані. Навіть такі умови самі по собі – «пекло» для таких малих дітей.

Неможливо, щоби діти двох або трьох років вчинили серйозні гріхи і злочини. Незважаючи на цей факт, вони отримують страшенні покарання відповідно до їхнього первородного гріха і вчинених гріхів. Тоді наскільки страшнішим буде покарання дорослих у пеклі, котрі вчинили серйозніші гріхи?

Однак будь-хто може звільнитися від покарання у пеклі тільки якщо вони приймуть Ісуса Христа, Котрий помер на хресті і спокутував наші гріхи, той, хто ходить у світлі. Така людина може потрапити на небеса, оскільки їй було пробачено гріхи минулі, нинішні і майбутні.

Діти, які вже навчилися ходити та розмовляти

Малюки, які починають ходити і вимовляти одне або два слова, починають добре бігати і розмовляти, коли досягають віку трьох років. Які покарання отримають ці діти віком від трьох до п'яти років у Нижньому шеолі?

Посланці пекла ганяються за ними зі списами

Діти віком від трьох до п'яти років відокремлені у темне, просторе місце, де їх залишено для покарання. Вони тікають звідти з усієї сили всюди, куди можуть, щоби уникнути посланців пекла, які женуться за ними, тримаючи в руках тризубі списи.

Тризубий спис – це спис, розділений на кінці натроє. Посланці пекла переслідують душі цих дітей, протикаючи їх списами так само, як мисливець женеться за дичиною.

Зрештою, ці діти добігають до стрімкої скелі, а внизу бачать киплячу воду, ніби лава дійсного вулкану. Спершу діти вагаються стрибати зі скелі, але вони змушені стрибнути у киплячу воду, щоби не потрапити до рук посланців пекла, які женуться за ними. Іншого вибору вони не мають.

Діти щосили намагаються вибратися із киплячої води

Діти уникли протикання списами, але опинилися у киплячій воді. Чи можете ви уявити, як це боляче? Діти щосили намагаються тримати хоча б свої обличчя над поверхнею води, а вона заливається їм у рот і ніс. Бачачи це, посланці дражнять дітей: «Хіба не весело?», «Це так чудово!» Потім посланці кричать: «Хто дозволив цим дітям потрапити у пекло? Давайте приведемо їхніх батьків до шляху смерті, де помирають їхні діти, змусимо їх дивитися, як їхні діти мучаться!»

Саме тоді дітей, які щосили намагалися вибратися із киплячої води, виловлюють великою сіткою, наче рибу, і жбурляють назад у те місце, звідки вони починали бігти. Від цієї миті болючий процес втечі дітей від посланців пекла, які женуться за ними із списами, їхній стрибок у киплячу воду повторюється часто і безкінечно.

Цим дітям всього від трьох до п'яти років. Вони не можуть добре бігати. Однак вони щосили намагаються бігти швидко, щоби не потрапити до рук посланців пекла, які вистежують їх і женуться за ними із списами у руках. Діти потрапляють до стрімкої скелі. Вони стрибають у киплячу воду і знову щосили намагаються вибратися звідти. Потім їх виловлюють великою сіткою і жбурляють назад у те місце, звідки вони починали бігти. Це повторюється безкінечно. Це дуже сумно і трагічно!

Ви коли-небудь обпікали палець об праску або гарячий чайник? Тоді вам відомо, наскільки це гаряче і як це боляче. Тепер уявіть, що все ваше тіло повністю знаходиться у киплячій воді, або ви знаходитеся у величезному чайнику із кип'ятком. Про це навіть боляче і жахливо думати.

Якщо ви колись мали опік третього ступеню, можливо, ви добре пам'ятаєте, наскільки то було боляче. Ви також можете пам'ятати червоне м'ясо, що вилізло назовні, запах печеного тіла, жахливий і смердючий запах гниття мертвих клітин обгорілої шкіри.

Навіть коли обпечене тіло відновиться, на тому місці залишаться потворні шрами. Багатьом людям важко спілкуватися із людьми, які мають такі шрами. Інколи навіть члени родини постраждалого не можуть обідати з ними за одним столом. Під час лікування пацієнт може не витримати, коли вичищають його обпалене тіло. У найгіршому випадку у пацієнта відбувається психічний розлад, або він покінчує життя самогубством через важкі відчуття і нестерпний біль, що супроводжує лікування. Якщо дитина страждає від опіку, його батьки також відчувають біль.

Однак найтяжчі опіки, які може отримати людина у

цьому світі, неможливо порівняти з покараннями душ малих дітей, що не отримали спасіння, які вони матимуть у пеклі постійно і вічно. Неможливо уявити величину тієї болі і жорстокості покарань, що навалюються на цих дітей у пеклі.

Нікуди бігти, нікуди сховатися від цих нескінченних покарань

Діти тікають, намагаючись уникнути посланців пекла, які женуться за ними, тримаючи у руках тризубі списи, падають у киплячу воду з краю стрімкої скелі. Їх повністю захоплює кипляча вода. Кипляча вода обволікає їх, наче смердюча липка лава. Крім того, огидна і липка кипляча вода потрапляє у ніс, в рот, коли діти щосили намагаються вибратися із ставка із киплячою водою. Чи можна це порівняти з будь-яким опіком на землі, незалежно від ступеню його тяжкості?

Ці діти не відчувають безсилля навіть якщо їх постійно і безперервно катують. Вони не можуть збожеволіти, втратити свідомість або забути пекельний біль хоча б на мить, або покінчити життя самогубством, щоби уникнути пекельної болі. Це дуже страшно!

Так страждають діти віком трьох, чотирьох та п'яти років від неймовірної болі у Нижньому шеолі, отримуючи покарання за свої гріхи. Чи можете ви уявити розмір і різноманітність покарань, які очікують старших людей в інших частинах пекла?

Діти віком від шести до дванадцяти років

Які покарання накладаються на дітей, душі яких не отримали спасіння, віком від шести до дванадцяти років у Нижньому шеолі?

Поховані під водами ріки крові

Від часів створення світу незчисленна кількість душ, які не отримали спасіння, пролили свою кров під час жахливих катувань у Нижньому шеолі. Скільки крові вони пролили, особливо відколи їхні руки та ноги відновилися після того, як їх відрізали?

Їхньої крові достатньо, щоби заповнити цілу річку, тому що їхнє покарання повторюється безкінечно незважаючи на кількість вже пролитої крові. Навіть у цьому світі після великої війни та найбільшого масового вбивства, людську кров можна зібрати у невелике озеро або струмочок. У цьому разі повітря наповнюється смердючим запахом гниючої крові. У жаркі літні дні запах стає ще гіршим, починають роїтися шкідливі комахи, а від розповсюдження інфекційних хвороб починається епідемія.

У нижньому шеолі немає маленького ставка чи струмочка, але є широка і глибока ріка крові. Діти віком від шести до дванадцяти років отримують покарання на березі ріки, їх закопують там у землю. Чим серйозніший гріх, який вони вчинили, тим ближче і глибше до ріки вони заховуються.

Копання землі

Дітей, які знаходяться далеко від ріки крові, не закопують у землю. Однак вони такі голодні, що продовжують копати тверду землю голими руками, шукаючи щось поживне. Вони відчайдушно копають, але дарма, доки не втратять нігті, доки подушечки їхніх пальців не стануть схожими на обрубки. Їхні пальці зчесані до половини, повністю у крові. Видно навіть кості. Поступово їхні долоні стираються так само як і пальці. Однак, незважаючи на біль, ці діти змушені копати, маючи слабку надію на те, що вони відшукають їжу.

Якщо підійти ближче до річки, можна легко виявити, що діти більш грішні. Чим більше грішні діти, тим ближче до річки вони знаходяться. Вони навіть б'ються один з одним, щоби відкусити плоть іншого через надзвичайний голод, коли поховані лише до лінії талії.

Найгрішніші діти отримують покарання саме біля берегів річки, їх закопують по шию у землю. Люди у цьому світі зрештою помруть, якщо їх закопати по шию у землю, бо кров не може циркулювати по тілу. Той факт, що у пеклі немає смерті, означає лише те, що душі, які не отримали спасіння, і які отримують покарання у пеклі, відчуватимуть нескінченний страшенний біль.

Душі потерпають від смердючого запаху річки. Всі можливі шкідливі комахи: комарі, мухи, кусають дітей в обличчя, але вони не можуть вдарити по них, бо стоять закопані в землю. Зрештою, їхні обличчя набрякають, так що їх неможливо впізнати.

Пекло

Бідолашні діти – іграшки посланців пекла

На цьому страждання дітей не закінчуються. Їхні барабанні перетинки можуть розірватися від голосного сміху посланців пекла, які відпочивають на березі річки, сміються і розмовляють один з одним. Посланці пекла, відпочиваючи, також топчуться по головах дітей, закопаних у землю, або сідають на них.

Одяг і черевики посланців пекла обтикані гострими предметами. Отже топчучись та сідаючи на голови цих дітей, вони роздавлюють їхні голови, розривають на клапті обличчя, виривають волосся зі шматками шкіри. Крім того, посланці хльостають обличчя дітей, або втоптують їхні голови ногами. Це дуже жорстоке покарання!

Ви можете спитати: «Хіба могли школярі вчинити такі гріхи, щоби отримати такі жорстокі покарання?» Не дивлячись на молодість цих дітей, вони мають первородний гріх і гріхи, які вони навмисне вчинили. Духовний закон, котрий говорить: «бо заплата за гріх – смерть», можна застосувати до кожного, незалежно від віку.

Молодь, яка насміхалася над пророком Єлисеєм

У 2 Книзі Царів 2:23-24 розповідається про пророка Єлисея, що мешкав в Єрихоні, який пішов у Бет-Елу. Коли пророк ішов дорогою, то малі хлопці виходили з того міста і насміхалися з нього, і казали йому: «Ходи, лисий! Ходи, лисий!» Більш не маючи терпіння слухати їх, Єлисей прокляв дітей. Дві ведмедиці вийшли і розірвали «сорок і двоє» дітей. Як ви гадаєте, що сталося з цими дітьми у Нижньому шеолі?

Поховані по шию у землю

Дві ведмедиці розірвали сорок дві дитини. Тож ви можете собі уявити, скільки дітей йшли за пророком і насміхалися над ним. Єлисей був пророком, який чинив багато могутніх справ Божих. Інакше кажучи, Єлисей не прокляв би їх, якби вони сказали лише декілька слів на нього.

Діти продовжували йти за пророком, насміхалися з нього, і казали йому: «Ходи, лисий!» Крім того, вони жбурляли в нього камінням і кололи палицями. Пророк Єлисей спочатку серйозно переконував дітей і сварив, але він прокляв їх лише тому що вони були надто грішними, щоби отримати прощення.

Цей випадок відбувся декілька тисяч років тому, коли люди були більш свідомими, коли гріх не переважав так, як у наш час. Ці діти, напевно були досить грішними, бо насміхалися над пророком Єлисеєм, який чинив могутні Божі справи.

У Нижньому шеолі ці діти отримують покарання біля річки крові, залишаючись закопаними по шию у землю. Вони задихаються від смердючого запаху річки, їх кусають всілякі комахи. До того ж їх жорстоко катують посланці пекла.

Батьки повинні керувати своїми дітьми

Як поводять себе діти у наш час? Деякі з них залишають друзів замерзати, відбирають кишенькові гроші і гроші на обід, б'ють, припалюють недокурками цигарок просто тому що вони їм не подобаються. Деякі діти навіть кінчають життя самогубством, бо більше не можуть витримати постійну жорстоку агресію. Інші діти утворюють банди, навчаючись ще у початковій школі, і навіть вбивають людей, імітуючи загальновідомих злочинців.

Тому батьки повинні виховувати своїх дітей таким чином, щоби вони не наслідували приклади цього світу, скеровувати їхнє життя, щоби вони гарно розвивалися і були вірними, покірними Богові все своє життя. Буде дуже шкода, якщо ви потрапите на небеса і побачите, як ваших дітей катують у пеклі. Про це навіть страшно подумати.

Отже ви повинні виховувати своїх любих дітей, щоби вони жили у вірі та істині. Наприклад, ви повинні вчити їх не розмовляти, не бігати по залу під час богослужіння, але молитися і прославляти Бога всім своїм серцем, розумом і душею. Навіть немовлята, які не розуміють слів своєї мами, добре сплять, не кричать під час богослужіння, коли їхні матусі моляться за них і виховують їх у вірі. Ці немовлята також матимуть нагороду за свою поведінку на небесах.

Діти віком від трьох або чотирьох років можуть

поклонятися Богу і молитися, коли батьки зроблять це правилом. В залежності від віку, глибина молитви може відрізнятися. Батьки можуть вчити своїх дітей потроху збільшувати час молитви, наприклад, з 5 хвилин до 10 хвилин, до 30 хвилин, до години і так далі.

Незважаючи на надто юний вік цих дітей, якщо батьки вчать їх Слову відповідно до їхнього віку і рівня розуміння, розповідають їм про те, що вони мають жити за Словом, діти завжди будуть старанно намагатися дотримуватися Слова Божого, жити так, щоб догодити Йому. Вони також покаються і сповідують свої гріхи у сльозах, коли Святий Дух працюватиме в них. Я спонукаю вас, щоби ви вчили своїх дітей твердо, розповідали, Ким є Ісус Христос, щоби допомагали їм жити у вірі.

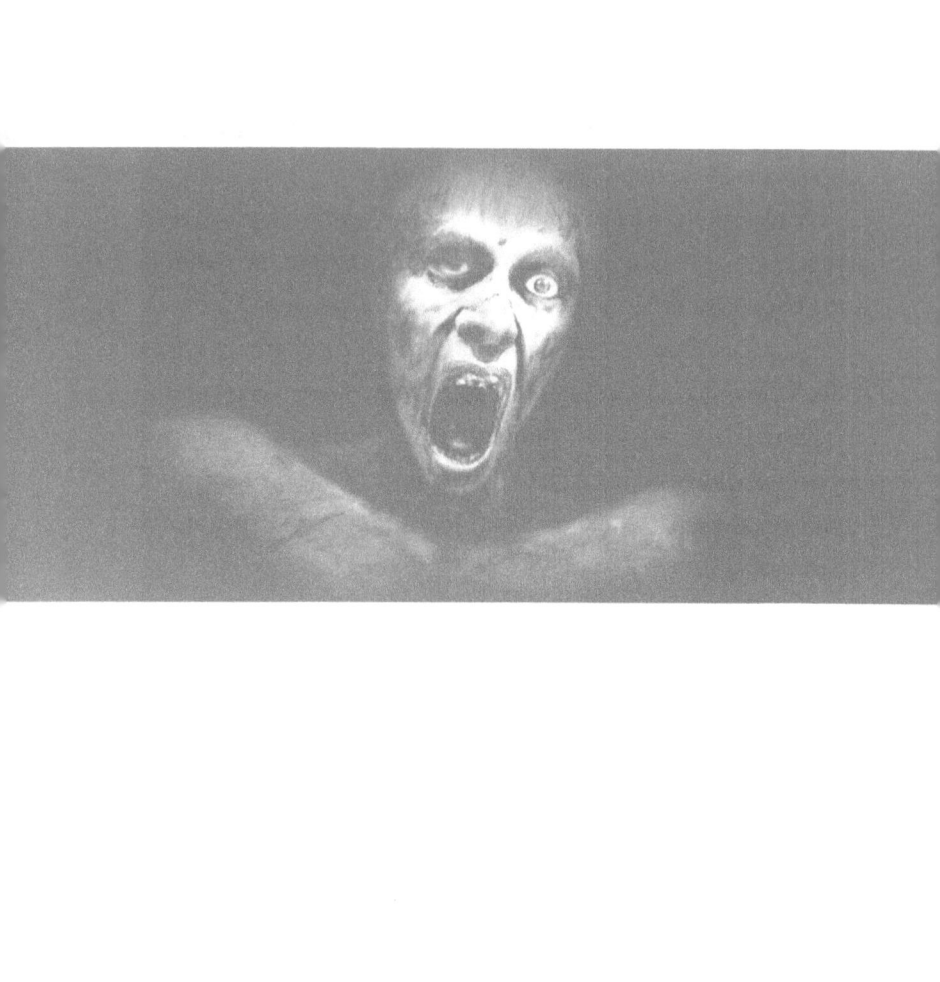

Розділ 5

Покарання для людей, які помирають після набуття статевої зрілості

Перший ступінь покарання

Другий ступінь покарання

Покарання фараона

Третій ступінь покарання

Покарання Понтія Пилата

Покарання Саула – першого царя Ізраїля

Четвертий ступінь – покарання Юди Іскаріотського

*Зіпхнута в шеол твоя гордість та гра твоїх арф;
вистелено під тобою червою,
і червяк накриває тебе...*
- Ісая 14:11 -

*Як хмара зникає й проходить,
так хто сходить в шеол, не виходить.*
- Йов 7:9 -

Всі, хто потрапить на небеса, отримає свою нагороду і славу відповідно до своїх справ у житті. З іншого боку, різні покарання у Нижньому шеолі накладаються на особу відповідно до її грішних вчинків у цьому світі. Люди у пеклі страждають від неймовірного болю, який продовжується вічно. Ступінь болю і фізичні страждання у кожного різні, в залежності від справ людини у цьому світі. Незалежно від того, куди потрапить людина – до пекла або на небеса – вона збере те, що посіяла.

Чим більше ви вчинили гріхів, тим глибшою буде частина пекла, у яку ви потрапите. Чим тяжчі ваші гріхи, тим страшнішою буде ваша біль у пеклі. В залежності від того, наскільки людина протистоїть Богу, інакше кажучи, суворість покарання буде визначатися відповідно до того, наскільки людина схожа на гріховну природу Люцифера.

У Посланні до Галатів 6:7-8 написано: *«Не обманюйтеся, Бог осміяний бути не може. Бо що тільки людина посіє, те саме й пожне! Бо хто сіє для власного тіла свого, той від тіла тління пожне. А хто сіє для духа, той від духа пожне життя вічне».* Таким чином ви неодмінно пожнете посіяне вами.

Які покарання отримають у Нижньому шеолі люди, які набули статевої зрілості? У цьому розділі я розповім про чотири рівня покарання у Нижньому шеолі, які накладаються на людей відповідно до їхніх справ у цьому світі. Хочу зауважити, що я не можу докладно спинятися на всіх аспектах, бо до вашого страху додасться ще більший страх.

Перший ступінь покарання

Деякі душі змушені стояти на піску, який всемеро гарячіший піску у пустелі чи на світових пляжах. Вони не можуть уникнути страждання, бо вони ніби опинилися посеред величезної пустелі.

Ви коли-небудь ходили босими ногами у спеку по розжареному піску? Вже через десять-п'ятнадцять хвилин неможливо витримати біль, коли ходиш по розжареному піску у спекотний сонячний літній день. Піски у тропічних поясах землі ще більш гарячіші. Запам'ятайте, що піски у Нижньому шеолі у сім разів гарячіші від найгарячіших пісків цього світу.

Під час паломництва у Святу Землю, я спробував пробігти по асфальтованій дорозі, що вела до Мертвого моря. Я почав бігти швидко з двома іншими паломниками, які супроводжували мене під час подорожі. Спочатку я не відчував болі, але після того, як я пробіг половину відстані, в мене з'явилося відчуття печіння в обох підошвах. І незважаючи на те, що ми вже хотіли якось припинити страждання, дітися було ніде; по обидва боки дороги були поля і пісок, такі ж гарячі, як і дорога.

Ми добігли до кінця дороги, де змогли занурити ноги у холодну воду у басейні, що стояв неподалік. На щастя ніхто з нас не обгорів на сонці. Ми бігли всього десять хвилин, але навіть цього часу було достатньо, щоби відчути на собі нестерпний біль. Тоді уявіть: вас змусять вічно стояти на піску, у сім разів гарячішому від будь-якого піску на цій землі. Незалежно від того, наскільки гарячий пісок, звичайно немає жодної можливості зменшити або прибрати таке покарання. Однак це найлегше з усіх покарань, яке існує у Нижньому шеолі.

Ще на одну душу були накладені інші покарання. Вона була змушена лежати на твердому камені, розпеченому до червоного кольору, і душа постійно і безкінечно смажилася з різних сторін. Сцена нагадує приготування м'яса у шиплячому грилі. Саме тоді ще один камінь, також розпечений до почервоніння, звалився на тіло, розчавивши його. Уявіть будь-який матеріал, який ви прасуєте: дошка для прасування – це камінь, на якому лежить одяг – засуджена душа, а праска – це інший камінь, який придавлює одяг.

Розжарювання є частиною тортур. Зовсім інша справа – розчавлення частин тіла. Кінцівки розтрощуються під дією кам'яного пресу. Сила достатньо велика, щоби розбити вщент ребра і внутрішні органи. Коли череп розбивається, очі витріщаються, і вся рідина із черепа виливається назовні.

Як можна описати таке страждання? Хоча це душа, яка не має фізичної форми, вона все-таки відчуває і страждає, переживаючи неймовірний біль так само, як людина переживала у цьому світі. Агонія продовжується довго. Разом з іншими душами, які мучаться там, ця душа кричить від страху: «Як я можу уникнути цих тортур?»

Другий ступінь покарання

Розповідь про багача і Лазаря записана в Євангелії від

Пекло

Луки 16:19-31, де ми можемо побічно побачити страшне місце – Нижній шеол. Силою Святого Духа я почув крик людини, яку катували у Нижньому шеолі. Після того, як я почув цю сповідь, я молився, щоби ви прокинулися від духовного сну.

> Мене тягають всюди,
> Цьому немає кінця.
> Я біжу, біжу, але кінця не бачу.
> Я ніде на можу заховатися.
> Тут здирають шкіру.
> Тут смердить.
> Комахи обгризають мою плоть.
> Я намагаюся бігти, намагаюся втекти від них,
> Але залишаюся стояти на тому ж місці.
> А вони продовжують кусати і їсти мою плоть.
> Вони ссуть мою кров.
> Я тремчу від страху.
> Що мені робити?

> Будь ласка, я благаю вас,
> Розкажіть іншим людям про те, що відбувається зі мною.
> Розкажіть їм про тортури,
> Щоби вони не потрапили сюди.
> Я дійсно не знаю, що робити.
> Від великого страху,
> Я можу лише стогнати.
> Дарма шукати сховище.

Вони дряпають мою шкіру.
Кусають руки.
Вони зішкрібають мою шкіру.
Вони виїдають мої м'язи.
Висмоктують кров.
Коли все скінчиться,
Мене штовхнуть в огняне озеро.
Що мені робити?
Що я маю робити?

Хоча я не вірив, що Ісус – мій спаситель,
Я думав, що в мене є добра совість.
Доки я не був вкинутий у Нижній шеол,
Я не розумів, що вчинив так багато гріхів!
Тепер я можу лише шкодувати і розкаюватися
В усьому, що наробив.
Будь ласка, постарайся,
Щоби більше не було таких людей, як я.
Багато людей, які опинилися тут, ще за життя
Думали, що живуть доброчесно.
Однак всі вони тут.
Багато хто говорив, що вірить
І думав, що живе
Відповідно до волі. Але такі люди також потрапили сюди,
І їх катують жорстокіше, ніж мене.

Мені б хотілося втратити свідомість, щоби забути страждання

Хоча б ненадовго, але я не можу.

Я не маю можливості відпочивати, навіть коли заплющую очі.

Коли я відкриваю очі,

Я нічого не бачу, нічого не відчуваю.

Коли я продовжую бігти туди і сюди,

Я все рівно залищаюся на одному і тому ж місці.

Що мені робити?

Що я маю робити?

Я благаю тебе, постарайся,

Щоби більше ніхто

Не йшов моїм шляхом!

Це душа відносно гарної людини у порівнянні з багатьма іншими, що знаходяться у Нижньому шеолі. Вона благає Бога, щоби Він дозволив людям дізнатися про те, що відбувається з нею. Навіть під час найстрашнішого катування душа переживає за тих, хто може потрапити сюди. Так само, як багач просив за своїх братів, щоби їх було попереджено, «щоб і вони не прийшли на це місце страждання!», ця душа також благає Бога (Євангеліє від Луки 16).

Однак ті, хто отримує третій та четвертий ступінь покарання у Нижньому шеолі, не мають навіть такого благочестя. Тож вони кидають виклик Богові і безжалісно звинувачують інших.

Покарання фараона

Фараон, цар Єгипту, котрий протистояв Мойсею, отримав другий ступінь покарання, але розмір його покарань межує з третім ступенем.

Який гріх вчинив фараон у цьому житті, щоб заслужити таке покарання? Чому він потрапив до Нижнього шеолу?

Коли Ізраїльтяни були пригнобленими, рабами, Бог покликав Мойсея, щоби той вивів свій народ з Єгипта і привів його у Край ханаанський, який Він присягнув Своєму народу. Мойсей прийшов до фараона і сказав йому, щоби той дозволив Ізраїльтянам вийти з Єгипту. Однак, розуміючи цінність робочої сили Ізраїльського народу, фараон відмовив Мойсею.

Через Мойсея Бог послав десять кар фараону, його службовцям і народу. Вода у Нілі перемінилася на кров. Жаби, воші і мухи вкрили землю фараона. На додачу фараон і його народ страждав від моровиці на худобу, гнояків, граду, сарани і темряви. Кожен раз, коли вони страждали від кари, фараон обіцяв Мойсею, що дозволить Ізраїльтянам вийти з Єгипту, тільки щоби запобігти подальшим карам. Однак фараон не дотримав своїх обіцянок, і його серце постійно ставало твердим кожного разу, коли Мойсей молився Богові, і Бог відводив смертельні кари віт тієї землі. Зрештою фараон дозволив Ізраїльтянам піти тільки після того, як кожен первородний син в Єгипті, від спадкоємця престолу до первородного сина раба, а також первородне з худоби, був знищений.

Однак скоро після останньої кари фараон знову передумав. Він і його армія почали переслідувати Ізраїльтян, які стали табором біля Червоного моря. Ізраїльтяни були налякані і молили Бога. Мойсей підняв свій жезл і простяг свою руку над Червоним морем. Потім сталося чудо. Силою Бога Червоне море розділилося посередині. Ізраїльтяни перейшли Червоне море по суші. Єгиптяни переслідували їх. Коли Мойсей знову простяг руку над морем з іншої сторони, *«вернулась вода, і позакривала колесниці та комонників усьому фараоновому військові, що ввійшло за ними в море. Ані жоден із них не зостався!»* (Книга Вихід 14:28)

В Біблії багато добрих поганських царів вірили і поклонялися Богові. Однак Господь вчинив запеклим фараонове серце, незважаючи на те, що він десять разів бачив силу Бога. В результаті на фараона навалилося багато нещасть: смерть спадкоємця престолу, загибель армії і злидні народу.

У наш час люди чують всемогутнього Бога і безпосередньо бачать Його силу. Однак вони закривають своє серце, саме так, як сталося із фараоном. Вони не приймають Ісуса як свого власного Спасителя. Крім того, вони відмовляються каятися у своїх гріхах. Що з ними станеться, якщо вони будуть продовжувати жити так, як живуть тепер? Зрештою вони отримають такий самий ступінь покарання у Нижньому шеолі, як фараон.

Що сталося із фараоном у Нижньому шеолі?

Фараон потрапив у стічні води

Фараон ув'язнений у ставку стічних вод, де стоїть сморід. Його тіло зав'язло у ставку, так що він не може поворухнутися. Він не один. Там знаходяться інші душі, що отримують покарання за такі самі гріхи.

Той факт, що він був царем, не дає фараону можливості отримати до себе краще ставлення у Нижньому шеолі. Навпаки, через те, що фараон мав владу, був гордовитим, йому прислужували раби, жив у багатстві, посланці пекла насміхаються та катують його із більшою жорстокістю.

Ставок, де знаходиться фараон, не просто наповнений стічними водами. Ви бачили коли-небудь гниючі та брудні предмети, які довгий час знаходилися у воді або стічних водах? Що відбувається у портах, де судна ставлять в док? Там повно мазуту, сміття, а у повітрі стоїть сморід. Здається, що у такому навколишньому середовищі не може існувати жодна жива істота. Якщо би ви опустили свою руку у таку воду, ви би хвилювалися, щоби ваша шкіра не була заражена всіма гидотами, які знаходяться у воді.

Фараон опинився саме у такому ув'язненні. На додачу цей ставок наповнений незліченною кількістю жахливих комах. Вони схожі на гусінь, але набагато більші від неї.

Комахи обгризають м'які частини тіла

Комахи наближаються до душ, ув'язнених у ставку, і сперше починають відкушувати маленькими шматочками м'яку плоть тіла. Вони вигризають очі, через очні западини потрапляють у череп і починають гризти мозок. Ви можете собі уявити, як це боляче? Зрештою вони обгризають все: від голови до пальців ніг. З чим можна порівняти ці фізичні страждання?

Чи боляче вам, коли в очі потрапляє пил? Тож у багато разів болючіше буде, коли комахи вигризатимуть ваші очі. Чи вірите ви в те, що зможете витримати біль, коли комахи будуть повзати по всьому вашому тілу?

Тепер уявіть, що вам під нігті всунули голку, або пробили кінці пальців. Ці комахи продовжують зчищати вашу шкіру і повільно здирають м'язи до кісток. Ці комахи не зупиняються на долонях. Вони швидко переходять вище, на лікті, плечі, сповзають на грудь, черево, ноги і сідниці. При цьому ув'язнена душа зносить тортури і біль.

Комахи постійно гризуть внутрішні органи

Більшість жінок, коли бачать гусінь, бояться її, а тим більше не хочуть її торкатися. Тепер уявіть жахливіших комах, більших від звичайної гусені, які кусають ув'язнені душі. Спочатку комахи проколюють тіло через живіт. Потім вони починають вгризатися у плоть, починаючи з нутрощів і кишок. Потім комахи висмоктують рідину із мозку. Весь цей час ув'язнені тіла не можуть від них відбитися, відвернутися чи втекти.

Комахи продовжують помалу вгризатися у тіла, а душі дивляться, як ті відгризають їхні частини тіла. Ми би збожеволіли, якщо би спробували витримати ці тортури лише десять хвилин. Однією із таких ув'язнених душ у цьому страшному місці є душа фараона, котрий кинув виклик Богові і Його рабу – Мойсею. Фараон страждає від страшної фізичної болі, але знаходиться при повному розумі, бачить і відчуває, як відгризають і обдирають частини його тіла.

Чи закінчаться тортури після того, як комахи вигризуть все тіло? Ні. Через деякий час відгризені та зскоблені частини тіла повністю відновляться, і комахи знову накинуться на душу, відгризаючи частини тіла. Це ніколи не закінчується. Біль не зменшується, душа так і не може до неї звикнути, а отже ціпеніє від тортур.

Так все відбувається у духовному світі. На небесах якщо діти Божі з'їдають плід з дерева, то він відновлюється. Так само у Нижньому шеолі, незалежно від того, скільки разів комахи будуть гризти частини тіла, кожна з них негайно відновиться після того, як розіб'ється і подрібниться.

Навіть якщо людина живе чесно і сумлінно

Серед чесних людей є такі, які не бажають приймати Христа і Євангелії. Зовні вони добрі і благородні, але вони не добрі і не благородні з точки зору істини.

У Посланні до галатів 2:16 нам нагадується, щоби ми знали: *«... людина не може бути виправдана ділами Закону, але тільки вірою в Христа Ісуса, то ми ввірували в Христа Ісуса, щоб нам виправдатися вірою в Христа, а не ділами Закону. Бо жодна людина ділами Закону не буде виправдана!»* Праведна людина – це людина, яка може отримати спасіння через ім'я Ісуса Христа. Тільки тоді всі ці гріхи простяться через віру в Ісуса Христа. Більш того, якщо людина віритиме в Ісуса Христа, вона обов'язково коритиметься Божому Слову.

Незважаючи на багаті докази створення всесвіту Богом, незважаючи на Його чудеса, силу, явлену Божими служителями, якщо людина все-таки заперечує всемогутнього Бога, вона – просто грішна людина з жорстоким сумлінням.

З точки зору цієї людини, вона прожила чесне життя. Проте якщо вона продовжуватиме заперечувати Ісуса Христа як власного Спасителя, вона потрапить тільки у пекло. Однак якщо такі особи жили порівняно доброчесним життям порівняно із злочинцями, котрі чинили гріх, задовольняючи свої гріховні бажання, вони отримають перший або другий ступінь покарання у Нижньому шеолі.

Більшість із тих, хто помирає, так і не маючи можливості сприйняти Євангеліє, якщо вони не проходять суд совісті, отримує перший або другий ступінь покарання. І ви можете здогадатися, що душа, яка отримує третій або четвертий ступінь покарання у Нижньому шеолі, була набагато гіршою, ніж всі інші.

Третій ступінь покарання

Третій і четвертий ступені покарання прибережені для тих,

хто відвернувся від Бога, чия совість ганьбила, паплюжила і зневажала Святий Дух, хто перешкоджав створенню та розширенню Царства Божого. Крім того, всякий, хто вважав Божі церкви «єретичними», не маючи твердих доказів, також отримає третій або четвертий ступінь покарання.

Перед тим, як розглянути третій ступінь покарання у Нижньому шеолі, давайте зробимо короткий огляд тортур, які накладаються на людину.

Жорстокі катування створені руками людини

У той час, коли права людини були більше уявою, ніж реальністю, вигадувалися і виконувалися безліч видів тілесних покарань, включаючи різноманітні форми катувань і екзекуцій.

Наприклад, у середньовічній Європі тюремні охоронці відводили в'язня у підвал для того, щоби отримати визнання. По дорозі у підвал арештант бачив плями крові на підлозі, а у кімнаті – різноманітні інструменти, які використовувалися і готувалися для катувань. Він чув нестерпні крики, які дзвеніли у будівлі, вони пригнічували його.

Одним із звичайних методів катування був такий: пальці в'язня (або іншої людини, якій мали завдати тортури) поміщали у дуже маленькі металеві рамки. Ці металеві рамки затягувались доки пальці рук і ніг не роздавлювались. Потім пальці витягали по черзі із металевої рамки, коли вона потрохи стягувалась.

Якщо після цього в'язень нічого не визнавав, його

підвішували за руки, зв'язані за спиною, а тіло повертали у всі сторони. При цьому катуванні завдавався ще додатковий біль. Тіло в'язня піднімали у повітря і кидали на землю з різною швидкістю. У найгіршому випадку до щиколоток арештанта прив'язувався важкий шматок заліза, при цьому в'язень знаходився у підвішеному стані. Вага заліза була такою, що могла розбити всі м'язи і кістки тіла людини. Якщо в'язень все-таки не зізнавався, застосовувалися більш жахливі та болючіші методи катування.

В'язня садили на стілець, спеціально приготований для катувань. На сидінні, спинці та ніжках стільця були щільно розтикані крихітні буравчики. Коли в'язень бачив цей жахливий об'єкт, він намагався врятуватися втечею, але стражники, сильніші та більші від арештанта, силоміць примушували його сісти на стілець. Арештант відчував, як буравчики впиваються в його тіло.

Іншим видом катування було підвішення підозрюваного вниз головою. Через годину кров'яний тиск людини настільки підвищувався, що кровоносні судини лопалися, і кров виливалася із мозку через очі, ніс і вуха.

Інколи застосовувався вогонь, щоби змусити в'язня підкоритися. Кат наближався до підозрюваного з палаючою свічкою. Він підносив цю свічку до пахвових ямок або підошви підозрюваного. Пахвові ямки – найчутливіша частина тіла людини, а в області підошв біль тримається найдовше.

Іншим разом підозрюваного змушували взувати на голі

ноги розпечені залізні черевики. Потім кат видирав ніжну шкіру. Він міг також відрізати язик в'язня, або спалити його піднебіння розжареними залізними щипцями. Якщо в'язня присуджували до страти, його кидали у конструкцію, яка нагадувала собою колесо. Воно було збудоване таким чином, що розбивало вщент тіло людини. Швидке вертіння розривало тіло на шматки, але в'язень був іще живий і притомний. Часто арештанти присуджувалися до страти через заливання розтопленого свинцю у ніздрі та вушні отвори.

Знаючи, що вони не зможуть знести фізичні муки тортур, багато в'язнів часто підкупляли катів та стражників, щоби прийняти швидку і безболісну смерть.

Ось деякі методи катування, придумані людиною. Достатньо лише уявити, що може налякати нас. Тоді ви можете припустити, що катування, які виконують посланці пекла, які знаходяться під суворим наглядом Люципера, можуть бути страшнішими, ніж будь-які інші види катувань, коли-небудь вигадані людьми. У посланців пекла немає співчуття, вони лише насолоджуються, чуючи пронизливий крик і страшний плач душ у Нижньому шеолі. Вони завжди намагаються вигадати жорстокіші і болючіші способи катування, яких можна завдати душам.

Чи можете ви дозволити собі потрапити до пекла? Чи можете ви дозволити собі побачити своїх рідних та друзів у пеклі? Всі християни повинні вважати своїм обов'язком розповсюджувати та проповідувати Євангеліє і робити все можливе, щоби врятувати ще одну душу від пекла.

Тоді яким саме є третій ступінь покарання?

i) Посланець пекла носить жахливу маску свині

Одна душа у Нижньому шеолі прив'язана до дерева, а її плоть потрохи ріжуть на маленькі шматочки. Можливо, ви можете порівняти це із нарізанням риби для приготування сашімі. Посланець пекла готує для катування всі необхідні інструменти. На ньому – потворна маска. Ці прилади включають у себе різноманітні інструменти: від малого кинджалу до сокири. Посланець пекла точить інструменти на камені. Інструменти точити не треба, бо лезо кожного інструмента у Нижньому шеолі завжди залишається дуже гострим. Справжньою ціллю точіння є подальше залякування душі, яка чекає своєї черги.

Відрубування плоті, починаючи з кінчиків пальців рук

Коли душа чує брязкіт інструментів, а посланець пекла наближається до неї із жахливим оскалом зубів, душа дуже лякається!

«Той ніж збирається нарізати тонкими шматочками мою плоть...
Та сокира скоро відрубає мої кінцівки...
Що мені робити?
Як мені витерпіти такий біль?»

Самий страх ледь не душить її. Душа згадує, що вона міцно прив'язана до стовбура дерева, не може поворухнутися, відчуває себе так, наче мотузка проходить крізь тіло. Чим більше вона намагається відірватися від дерева, тим міцніше зав'язується мотузка.. Посланець пекла наближається до неї і починає нарізати плоть з кінчиків пальців рук. Купа плоті, вкрита згустками крові, падає на землю. Нігті висмикнуті з пальців, а через деякий час самі пальці будуть відрубані. Посланець відрубує пальці до зап'ястка, а потім руку до плеча. Від руки залишаться лише кістки. Потім посланець переходить до литок, потім до стегон.

Доки не відкриються внутрішні органи

Посланець пекла починає вирізати черевну порожнину. Коли відкриваються п'ять кишок та шість нутрощів, він вириває ті органи і викидає їх геть. За допомогою гострих інструментів він видирає інші органи.

До цього моменту душа не спала і спостерігала за всім процесом: як вирізали шматки її плоті, як викидали нутрощі. Уявіть, що хтось зв'язав вас, відрізав шматок вашої плоті, починаючи з внутрішньої сторони рук, шматок за шматком, при цьому кожний шматок розміром із ніготь пальця. Коли вас торкається ніж, відразу ллється кров, і відразу починається страждання, тоді жодними словами не можна виразити ваш страх. Коли ви отримуєте третій ступінь покарання у Нижньому шеолі, ви втрачаєте не просто частину своєї плоті; це – шкіра вашого тіла в цілому, від голови до пальців на ногах. І ваші кишки видирають по одній.

Знову уявіть сашімі, японську страву із сирої риби. Кухар тільки відділив кістки і шкіру. Потім нарізав тонюсінькими шматочками м'якоть. Страва має форму живої риби. Здається, риба ще жива, ви ніби бачите, як вона плескається. Кухар у ресторані не жаліє рибу, бо якби він жалів її, він би не міг тут працювати.

Будь ласка, завжди згадуйте у молитвах своїх батьків, свою дружину/чоловіка, рідних та друзів. Якщо вони не отримають спасіння і потраплять у пекло, вони страждатимуть від тортур. Безжалісні посланці пекла здиратимуть їхню шкіру, зчищатимуть кістки. Наш християнський обов'язок полягає у тому, щоби розповсюджувати Євангеліє, тому що у судний день ми обов'язково дамо Богові відповідь за всіх, кого не змогли привести на небеса.

Виколювання очей

Посланці пекла замість ножа беруть буравчик. Душа вже знає, що має трапитися з нею, бо вона зносить це не вперше. Відколи душа потрапила до Нижнього шеолу її вже катували таким чином сотні і тисячі разів. Посланець пекла наближається до душі, глибоко встромлює в око буравчик і на мить залишає його в очній западині. Наскільки ж злякається душа, коли побачить буравчик, який ближче і ближче наближається до неї. Фізичні страждання від виколювання очей буравчиком неможливо описати словами.

Невже на цьому закінчуються тортури? Ні. Залишається обличчя душі. Посланець пекла проколює щоки, ніс, лоб та інші частини обличчя. Він не забуває вирізати шкіру вух, губ і шиї. Шия, що вирізається потроху, стає тоншою доки не відривається від плечей. На цьому один сеанс тортур закінчується, але це тільки означає початок нового циклу тортур.

Ніхто не може навіть верещати або плакати

Через деякий час частини тіла, які були відрізані, знову відновлюються, ніби з ними ніколи нічого не відбувалося. Поки тіло відновлюється, є короткий момент, коли біль і фізичні страждання зникають. Однак ця перерва тільки нагадує душі про більші тортури, які очікують її, і скоро вона починає тремтіти, відчуваючи безконтрольний страх. Поки вона очікує початок тортур, знову починає чутися звук точіння. Час від часу на душу зиркає посланець пекла, який носить жахливу маску свині і має страшну посмішку. Посланець готовий до нового циклу тортур. Тортури, які спричиняють фізичні страждання, розпочинаються знову. Невже ви думаєте, що зможете це витримати? Жодна частина вашого тіла не змертвіє, щоби не відчувати дію знарядь катування. Чим більше ви зазнаєте тортур, тим більше ви будете страждати.

Підозрюваному, який знаходиться під охороною, або в'язень, якого мають катувати, знає, що те, що його чекає, продовжуватиметься лише короткий проміжок часу, але він тремтить і здригається від непереборного страху. Припустимо, що посланець пекла із потворною маскою свині, наблизиться до вас, тримаючи у руках різноманітні інструменти, брязкаючи ними один об інший. Катування повторюватиметься безкінечно: нарізання плоті тоненькими шматочками, висмикування внутрішніх органів, виколювання очей та багато інших.

Тому душа у Нижньому шеолі не може пронизливо кричати чи благати посланця пекла про життя, бути до неї милосерднішим, бути менш жорстоким, або благати про щось інше. Душу оточує пронизливий крик інших душ, благання про милість та брязкіт інструментів для катування. Як тільки душа бачить посланця пекла, вона бліднe, як попіл. Крім того, душа вже знає, що вона не може звільнитися від страждання, доки вона не буде вкинена у вогняне озеро після суду великого білого престолу наприкінці часів (Об'явлення 20:11). Жорстока реальність лище збільшує існуючий біль.

ii) Покарання накачуванням тіла наче повітряної кульки

Будь-яка людина, яка має хоч трошки совісті, має відчувати провину, якщо вона образить почуття іншої людини. Або, незалежно від того, наскільки особа ненавиділа іншу особу в минулому, якщо остання зазнає лиха сьогодні, збільшується співчуття, тоді як почуття ненависті зменшується, хоча би на деякий час.

Однак, якщо совість людини була припечена, ніби гарячою праскою, особа абсолютно байдужа до фізичного страждання інших, і для того, щоби досягти своїх власних цілей, людина може забажати вчинити найжахливіші звірства.

Ставлення до людей як до мотлоху та сміття

Під час ІІ Світової війни в Німеччині, яка перебувала під диктатурою нацистів, в Японії, Італії та інших країнах безліч живих людей було використано як об'єкти для жахливих таємних експериментів. По суті ці люди замінили пацюків, кроликів та інших тварин, яких звичайно використовували для дослідів.

Наприклад, для того, щоби дізнатися, якою буде реакція здорової людини, як довго організм людини бореться з різноманітними чинниками хвороби, і які симптоми супроводжують різноманітні хвороби, до організму людини пересаджували ракові клітини та вводили різні віруси. Для того, щоби отримати найточнішу інформацію, живій людині звичайно розрізали черево, або розтинали череп. Для того, щоби визначити, як звичайна людина реагує на крайній холод або спеку, швидко зменшували або збільшували температуру води у резервуарі, де ув'язнювалися об'єкти дослідів.

Після того, як «об'єкти» послужили дослідницькій меті, часто їх залишали вмирати у страшних фізичних муках. Дослідники-кати мало думали про дорогоцінність або страждання цих об'єктів.

Напевно, то було дуже жорстоко і жахливо по відношенню до багатьох військовополонених або інших безсилих осіб, які стали цими горезвісними об'єктами, дивитися, як їхні тіла нарізають тонкими шматочками, як проти їхньої волі їхні тіла заражають різноманітними смертельними клітинами та речовинами і які буквально спостерігають свою смерть.

Однак душі у Нижньому шеолі стикаються навіть із жорстокішими способами покарання, які неможливо порівняти з будь-якими експериментами на живих людях. З душами цих чоловіків та жінок, які були створені за образом Бога, але втратили свою гідність і цінність, у Нижньому шеолі поводяться як із мотлохом і сміттям.

Так само, як ми не маємо жалю до сміття, посланці пекла не мають жалю чи співчуття до цих душ. Посланці пекла не відчувають себе винними, вони не мають до них жалю. І жодне покарання ніколи не скінчиться.

Кістки розбиваються вщент, а шкіра лопається

Отже посланці пекла вбачають у цих душах лише іграшки. Вони накачують повітрям душі і штовхають їх всюди ногою.

Важко уявити це видовище. Як можна надути, наче м'яч довге і плоске тіло людини? Що станеться з усіма органами?

Оскільки внутрішні органи та легені накачуються повітрям, ребра і спинний хребет, який підтримує ці органи, руйнуються один за одним, частина за частиною. Але над усе душі важко стримати нестерпний біль від розтягування шкіри.

У Нижньому шеолі посланці пекла грають з надутими тілами душ, які не отримали спасіння. А коли їм набридає, вони протикають душі гострими списами. Так само, як колись надута повітрям гумова куля лопаючись розривається на шматочки, їхня кров та шматки шкіри розлітаються в усі боки.

Однак скоро ці тіла повністю відновлюються і поміщаються на первинне місце покарання. Це дуже жорстоко. Коли люди жили на цій землі, їхні душі любили всі, вони мали певний соціальний статус, або ж хоча б могли претендувати на основні людські права.

Однак у Нижньому шеолі вони не можуть претендувати на жодні права, з ними поводяться як із гравієм на дорозі, їхнє існування не має цінності.

Книга Еклезіястова 12:13-14 нагадує нам:

Підсумок усього почутого: Бога бійся, й чини його заповіді, бо належить це кожній людині! Бо Бог приведе кожну справу на суд, і все потаємне, – чи добре воно, чи лихе!

Отже, на думку Бога ці душі деградували до рівня іграшок, якими граються посланці пекла.

Тому ми повинні знати: якщо ми не зможемо виконувати обов'язок людини, тобто боятися Бога і чинити всі Його заповіді, нас більше не будуть визнавати як дорогоцінні душі, які несуть образ Бога, подібні до Нього, але навпаки ми станемо об'єктами найжорстокіших покарань у Нижньому шеолі.

Покарання Понтія Пилата

На момент смерті Ісуса Христа Понтій Пилат був намісником римського імператора над Юдеєю, тепер Палестиною. Відколи він став однією ногою у Нижньому шеолі, він почав отримувати третій ступінь покарання – биття батогом. Через які особливі причини отримував катування Понтій Пилат?

Незважаючи на те, що він знав про праведність Ісуса

Оскільки Пилат був правителем Юдеї, для того, щоби розіп'яти Ісуса, потрібен був його дозвіл. Як віце-король Риму, Пилат відповідав та вів нагляд за всією Юдеєю. На нього працювало багато шпигунів у різних місцевостях. Отже, Пилат добре знав про незчисленні чудеса, здійснені Ісусом, про Його послання любові, Його зцілення хворих, проповідування Бога та інші справи, оскільки Ісус проповідував Євангеліє на території, де жив Сам Ісус та Пилат. До того ж, із звітів, які робили його шпигуни, Пилат зробив висновок, що Ісус – добра і невинна людина.

Крім того, через те, що Пилат знав про те, що юдеї відчайдушно хотіли вбити Ісуса від заздрості, він зробив все можливе для Його визволення. Однак через те, що Пилат також був переконаний, що якби він не зважав на юдеїв, то це призвело б до великих громадських заворушень у провінції, він вирішив передати Ісуса на розп'яття за проханням юдейського народу. Якщо би розпочалися заворушення на його території, він би ніс за це сувору відповідальність.

Зрештою, боягузлива совість Пилата визначила його долю після смерті. Так само, як перед розп'яттям римські солдати шмагали Ісуса за наказом Пилата, він був засуджений до такого ж покарання: безкінечне биття різками посланцями пекла.

Пилата шмагають кожного разу, коли промовляється його ім'я

Так били батогом Ісуса. Конструкція батога була такою: на кінці довгої шкіряної смужки були прикріплені шматочки заліза чи кісток. З кожним ударом шкіряні смужки батога обкручувалися навкруг тіла Ісуса, і кістяні або металеві шматочки на кінці смужки проколювали Його тіло. Після кожного удару на шкірі залишалися великі і глибокі рани. За короткий проміжок часу тіло було обдертим настільки, що становило суцільну рану.

Так само, коли люди промовляють ім'я Пилата у цьому світі, посланці пекла шмагають його у Нижньому шеолі. Під час кожного богослужіння багато християн промовляють слова апостольського Символу віри. Кожен раз, коли промовляється частина «страждали при Понтії Пилаті», його шмагають. Коли сотні тисяч людей промовляють його ім'я разом одночасно, сила та кількість ударів значно збільшується. Часом інші посланці пекла збираються навкруг Понтія Пилата і тиснуть один одному руку, коли шмагають його.

Хоча тіло Пилата було розірване на шматки і заюшене кров'ю, посланці пекла січуть його так, ніби змагаються між собою. Від шмагання шкіра Пилата розривається, оголюючи кістки, доходячи до кісткового мозку.

Пилата назавжди позбавлено язика

Коли Пилата катують, він постійно кричить: «Будь ласка, не промовляйте моє ім'я! Кожен раз, коли воно промовляється, я страждаю». Однак нічого не чутно. Його язик був відрізаний, тому що цим самим язиком він засудив Ісуса до смерті на хресті. Коли ви відчуваєте біль, стає трохи легше, коли ви кричите або верещите. У Пилата немає навіть такого вибору.

Пилат дещо відрізняється від інших засуджених душ у Нижньому шеолі. Частини тіла, які були зіскоблені, відрізані чи спалені, відновлюються самостійно. Однак язик Пилата був відрізаний назавжди. Це символізує прокляття. Незважаючи на те, що Пилат благає людей не промовляти його ім'я, його ім'я будуть промовляти до судного дня. Чим частіше промовляють його ім'я, тим суворішими стають його страждання.

Пилат свідомо вчинив гріх

Піля того, як Пилат передав Ісуса на розп'яття, він умив свої руки перед натовпом, промовивши: *«Я невинний у крові Його! Самі ви побачите»* (Євангеліє від Матвія 27:24). У відповідь юдеї, ще відчайдушніше просили стратити Ісуса і говорили: *«На нас Його кров і на наших дітей!»* (Євангеліє від Матвія 27:25)

Що сталося з юдеями після розіп'яття Ісуса? Вони були мучениками, коли місто Єрусалим у 70 році н.е. захопив та зруйнував головнокомандуючий римськими військами Тит. Відтоді вони розсипалися по всьому світу, були пригнобленими у землях, які їм не належали. Під час ІІ Світової війни їх примусово переміщали у концентраційні табори Європи, де більше шести мільйонів юдеїв задихнулися у газових камерах, або були знищені іншими страшними способами. На протязі перших п'яти десятиріч сучасної державності починаючи з 1948 року, коли було проголошено незалежність народу, держава Ізраїль постійно стикалася з загрозою, ненавистю, озброєною опозицією від своїх сусідів на Середньому Сході.

Не дивлячись на те, що юдеї отримали відплату на їхню вимогу: *«На нас Його кров і на наших дітей!»*, покарання Пилата зовсім не було зменшене. Пилат свідомо вчинив гріх. Він мав досить багато можливостей не вчинити гріх, але він його зробив. Навіть його дружина, отримавши попередження уві сні, наполягала на тому, щоби не страчувати Ісуса. Не прислухавшись до своєї власної совісті та до поради своєї дружини, Пилат засудив Ісуса до страти на хресті. Через це він отримав третій ступінь покарання у Нижньому шеолі.

Навіть у наш час люди вчиняють злочини, знаючи, що це є злочин, вони розкривають таємницю деяких злочинів іншим заради власної вигоди. У нижньому шеолі третій ступінь покарання накладається на тих, хто організовує змову проти інших, неправдиво свідчить, зводить наклепи, творить розбрат, збирає бандитські угруповання, вбиває, катує, поводиться малодушно, зраджує у часи небезпеки чи болю, та інше.

Бог запитає про кожну справу

Саме так, як Пилат віддав кров Ісуса Христа в руки юдеїв, умивши свої руки, деякі люди звинувачують інших людей у якійсь окремій ситуації, або умові. Однак відповідальність за гріхи людей накладається на них самих. Кожна людина має свободу волі, вона не тільки має право приймати рішення, але й бути відповідальною за них. Свобода волі дозволяє обирати: вірити або не вірити в Ісуса, нашого особистого Спасителя, святити або не святити День Господній, віддавати чи не віддавати повністю десяту частину Богові, та інше. Однак, результат нашого вибору відкривається або через вічне щастя на небесах, або у вічному покаранні у пеклі.

До того ж, за результат будь-якого рішення, коли-небудь прийнятого вами, ви відповідаєте самі, тож ви не можете звинувачувати за нього нікого іншого. Отже ви не можете говорити такі слова: «Я покинув Бога через те, що мої батьки переслідували мене за це», або «Я не міг освячати День Господній і віддавати десятину повністю Богу через свого чоловіка/дружину». Якщо у людини є віра, вона звичайно би мала страх Божий і виконувала б усі Його заповіді.

Пилат, язик котрого відрізали через його боягузливі слова, каявся і шкодував, коли отримував постійні тілесні покарання у Нижньому шеолі. Однак після смерті Пилат вже не мав жодного іншого шансу.

Проте ті люди, які ще живуть на землі, мають шанс. Ви не повинні вагатися, ви повинні мати страх Божий і виконувати Його заповіді. У Книзі пророка Ісаї 55:6-7 говориться: *«Шукайте Господа, доки можна знайти його, кличте Його, як він близько! Хай безбожний покине дорогу свою, а крутій – свої задуми, і хай до Господа звернеться, – і його він помилує, і до нашого Бога, бо Він пробачає багато».* Бог є любов, тому Він дозволяє нам дізнатися про те, що відбувається у пеклі, поки ми ще живі. Він робить так, щоби пробудити багатьох людей від їхнього духовного сну, дозволити та підбадьорити нас проголошувати Євангеліє ще більшій кількості людей, щоби вони також могли жити у Його милості і співчутті.

Покарання Саула – першого царя Ізраїля

У Книзі пророка Єремії 29:11 написано: *«Бо Я знаю ті думки, які думаю про вас, – говорить Господь, –*

думки спокою, а не зло, щоб дати вам будучність та надію». Слово було дане юдейському народу, коли вони потрапили до Вавілону. Цей вірш пророкує Боже прощення і милість, котрі будуть подаровані Його народу, коли вони перебуватимуть у вигнанні, через їхні гріхи проти Бога.

Таким же чином Бог повідомляє про пекло. Він робить це не для прокляття невіруючих і грішників, але для того, щоби викупити тих, хто несе важку ношу, як раби, до ворога, сатани і диявола, і не припустити, щоби люди, створені за Його образом, потрапили у страшне місце.

Таким чином, замість того, щоби боятися страшних умов перебування у пеклі, ми маємо просто зрозуміти безмірну любов Бога і, якщо ви невіруюча людина, – прийняти Ісуса Христа як свого особистого Спасителя прямо зараз. Якщо ви не жили за Словом Божим, сповідуючи свою віру у Нього, поверніться до Нього обличчям і зробіть так, як Він говорить вам.

Саул не корився Богу

Коли Саул зійшов на престол, він був дуже покірний. Однак згодом він став надто зухвалим і вже не корився Богові. Він почав чинити зло, а потім став нестриманим. Бог відвернув Своє лице від Саула. Коли ви чините гріх проти Бога, ви повинні змінити свої думки і без вагання покаятися. Ви не повинні намагатися виправдати себе чи сховати свій гріх. Тільки тоді Бог почує вашу молитву покаяння і відкриє шлях спасіння.

Коли Саул дізнався про те, що Бог помазав Давида на місце царя замість нього, цар поставився до свого майбутнього спадкоємця як до запеклого ворога і все своє подальше життя намагався вбити його. Саул навіть вбив священників Бога за те, що вони допомагали Давиду (1 Книга Самуїлова 22:18). Це було те саме що протистояти Богу.

Таким чином цар Саул залишився непокірним і зібрав свої злодіяння, але Бог не знищив Саула негайно. Незважаючи на те, що Саул переслідував Давида і довгий час був сповнений рішучості вбити його, Бог і далі дозволяв йому жити.

Це відбувалося за двох причин. По-перше: Бог мав намір створити із Давида великий посудину і царя. По-друге: Бог дав Саулу достатньо часу і можливостей, щоби покаятися у своїх гріхах.

Якби Бог вбив нас, коли ми вчинили гріх, за який би мали вмерти, тоді жоден із нас не вижив би. Бог прощатиме, чекатиме, чекатиме, але якщо ми не повернемося до Нього, Бог дивитиметься в іншу сторону. Однак Саул не міг зрозуміти сутність Бога і переслідував бажання своєї плоті. Зрештою, Саул був сильно поранений лучниками, а потім вбив себе своїм же мечем (1 Книга Самуїлова 31:3-4).

Тіло Саула підвішене на повітрі

Яке покарання чекає на самовпевненого Саула? Гострий спис протикає його черево, і він висить у повітрі. Лезо списа щільно обтикане предметами, схожими на гострі буравчики та кінчик шаблі.

Дуже боляче висіти у повітрі таким чином. Ще болючіше бути підвішеним на повітрі, коли спис проколює черево, і під тиском власної ваги біль посилюється. Спис гострими лезами та буравчиками розриває черево на клапті. Через розірвану шкіру м'язи, кістки та кишки вивалюються назовні.

Коли посланець пекла наближається до Саула і повертає спис, всі гострі леза і буравчики, прикріплені до нього, також розривають тіло. Від такого прокручування спису розриваються легені, серце, живіт та внутрішні органи Саула.

Через деякий час після того, як Саул переживе ці жахливі страждання, і його кишки розірвуться на частини, всі його внутрішні органи повністю відновляться. Як тільки вони повністю відновляться, посланець пекла наблизиться до Саула і повторить процедуру. Під час своїх страждань Саул згадає всі часи і можливості для каяття, які він не використав у своєму житті.

Чому я не корився волі Божій?
Чому я протистояв Йому?
Я мав прислухатися, звернути увагу на
Догану пророка Самуїла!
Я повинен був покаятися,
Коли мій син Йонатан зі сльозами благав мене!
Якби я не був таким жорстоким із Давидом,
Моє покарання було би менш суворим...

Марно жаліється і кається Саул після того, як потрапив до пекла. Жахливо бути підвішеним у повітрі зі списом, який проколює черево. Але коли посланець пекла наближається до Саула, щоби продовжити тортури, Саула охоплює страх. Біль, який Саул зносив нещодавно, все ще надто реальний та яскравий для нього, і він ледве не задихається від думки про наступний біль від тортур.

Саул може благати: «Будь ласка, відчепіться від мене!» або «Будь ласка, припиніть ці тортури!», але все марно. Чим більше лякається Саул, тим більше задоволення має посланець пекла. Він знову і знову буде повертати спис. Фізичні страждання, що нагадують розривання тіла на частини, повторюються безкінечно для Саула.

Зухвалість – дійсна причина загибелі

Такі випадки часто трапляються у будь-якій церкві у наш час. Людина, що недавно повірила, спочатку отримала Святого Духа, і Він сповнює її. Якийсь час вона має велике бажання служити Богові і Його служителям. Однак згодом ця людина перестає коритися волі Божій, Його церкві і Його служителям. На додачу вона починає судити і обвинувачувати інших за допомогою почутого нею Божого Слова. Ймовірно, що ця людина стане зухвалою.

Перша любов, якою людина поділилася з Богом, поступово з часом ослаблялася, і її надія, яка колись перебувала на небесах, тепер стала полягати у земному, у тому, від чого колись ця людина відмовилася. Навіть у церкві тепер ця людина хоче, щоби їй прислуговували інші, вона стає жадібною до грошей і влади, віддається втіхам плоті.

Коли ця людина була бідна, вона, напевно, молилася: «Боже, благослови мене матеріально!» Що буде, коли людина отримає благословення? Замість того, щоби використовувати благословення для допомоги бідним, місіонерам, Божим ділам, така людина даремно витрачає Боже благословення на придбання розваг цього світу.

Від цього Святий Дух, що живе у віруючій людині, плаче. Його дух зустрічає багато випробувань і труднощів. І скоро прийдуть покарання. Якщо людина продовжуватиме грішити, її совість може закостеніти. Вона втратить можливість відрізняти Божу волю від власної пожадливості, часто жадаючи останнього.

Інколи людина починає заздрити Божим служителям, яких дуже люблять, якими захоплюються інші члени церкви. Така людина може неправдиво обвинувачувати їх та перешкоджати їхньому служінню. Заради власної користі така людина розпочинає чвари, плете інтриги у церкві, руйнуючи цим церкву, в якій живе Христос.

Така людина продовжуватиме протистояти Богу і стане інструментом ворога, сатани і диявола, і зрештою буде схожа на Саула.

Бог противиться гордим, а смиренним дає благодать

У 1 Посланні Петра 5:5 написано: *«Також молоді,*

– коріться старшим! А всі майте покору один до одного, бо Бог противиться гордим, а смиренним дає благодать». Горді судять слово, яке промовляється до них проповідником. Вони сприймають лише те, що узгоджується з їхніми власними думками, і відкидають все, що їм не подобається. Більшість людських думок відрізняються від думок Бога. Ви не можете сказати, що вірите в Бога і любите Його, якщо приймаєте лише те, що не протилежить вашим власним думкам.

У 1 Посланні Івана 2:15 написано: *«Не любіть світу, ані того, що в світі. Коли любить хто світ, у тім немає любови Отцівської».* Також якщо любові Отця немає у тій людині, тоді той чоловік, або жінка не має спільності з Богом. Тому якщо ви стверджуєте, що маєте спільність з Ним, а ходите у темряві, то неправду говорите й правди не чините (1 Послання Івана 1:6).

Ви завжди повинні бути обережними і постійно маєте перевіряти себе: чи не стали ви зухвалими, чи не бажаєте ви більше, щоби вам служили замість того, щоби служити самим, і чи не сповнилися ви любов'ю до цього світу.

Четвертий ступінь – покарання Юди Іскаріотського

Ми побачили, що перший, другий і третій ступені покарання у Нижньому шеолі настільки страшні і жорстокі, що не вкладаються у нашу уяву. Ми також ознайомилися з певною кількістю причин, чому ці душі отримують таке жорстоке покарання.

Тепер давайте дізнаємося про найстрашніші покарання з усіх існуючих у Нижньому шеолі. Які ми знаємо приклади четвертого ступеню покарання, і які гріхи вчинили ці душі, щоби заслужити їх?

Непростимий гріх

Біблія говорить нам, що деякі гріхи можуть проститися від покаяння, але є такі гріхи, за які неможливо отримати прощення, такі гріхи, які ведуть до смерті (Євангеліє від Матвія 12:31-32; Послання до євреїв 6:4-6; 1 Послання Івана 5:16). Люди, які зневажають Духа Святого, чинять навмисний гріх, при цьому знаючи істину. Такий гріх вважається непростимим. Такі люди потраплять у найнижчу частину Нижнього шеолу.

Наприклад, ми часто бачимо людей, яких вилікували, або в яких вирішилися проблеми через милість Божу. Спочатку вони захоплюються роботою для Бога і Його церкви. Однак інколи ми бачимо, як світ спокушує їх, і згодом вони повертаються спиною до Бога.

Вони знову віддаються втіхам цього світу, але тепер вони це роблять ще більше, ніж раніше. Вони ганьблять церкву і ображають інших християн і Божих служителів. Часто люди, які публічно визнають свою віру в Бога, першими засуджують та наліплюють ярлик єретизму на церкву або пасторів, засновуючись на власних поглядах та міркуваннях.

Коли вони бачать церкву, сповнену силою Святого Духа і Божих чудес, які чиняться через Божих служителів, вони засуджують всю громаду, називаючи їх «єретиками», або вважають роботу Святого Духа роботою сатани тільки тому що вони не можуть чогось збагнути.

Вони зрадили Бога і не можуть отримати духа прощення. Інакше кажучи, такі люди не зможуть покаятися у своїх гріхах. Отже після смерті ці «християни» отримають тяжчі покарання, ніж ті, хто не вірив в Ісуса Христа як свого особистого Спасителя, і потраплять у Нижній шеол.

У 2 Посланні Петра 2:20-21 написано: *«Бо коли хто втече від нечистоти світу через пізнання Господа й Спасителя Ісуса Христа, а потому знов заплутуються ними та перемагаються, – то останнє буває для них гірше першого. Бо краще було б не пізнати їм дороги праведности, аніж, пізнавши, вернутись назад від переданої їм святої заповіді!»* Ці люди не корилися Слову Божому і заперечували Його існування навіть коли пізнали слово. За це вони отримають покарання більші і тяжчі, ніж ті люди, які не вірили в Бога.

Люди, чия совість оганьбилась

Душі, які отримують четвертий ступінь покарання, не лише вчинили непростимі гріхи, але й оганьбили свою совість. Дехто з них стали рабами ворога, сатани і диявола, котрий протистоїть Богу і чинить жорстокий опір Святому Духу. Ці люди ніби особисто розіп'яли Ісуса Христа на хресті.

Ісус – наш Спаситель – був розіп'ятий для прощення наших гріхів, щоби визволити людей від прокляття вічної смерті. Його дорогоцінна кров викупила тих, хто вірить у Нього, але прокляття людей, які отримують четвертий ступінь покарання, робить їх непридатними для спасіння навіть через кров Ісуса Христа. Отже вони приречені на страту на своєму власному хресті і отримають власні покарання у Нижньому шеолі.

Найперший приклад – Юда Іскаріотський, один із дванадцяти обраних Ісусом апостолів і напевне найвідоміший зрадник в історії людства. Юда Іскаріотський власними очима бачив Сина Божого. Він став одним із учнів Ісуса, вивчив Слово і на власні очі бачив чудесні справи і знамення. Однак Юда не зміг позбутися своєї пожадливості і гріха. Зрештою Юду спровокував сатана і той продав свого Вчителя за 30 срібників.

Незалежно від того, наскільки Юда Іскаріотський хотів покаятися

Як ви думаєте, хто винний більше: Понтій Пилат, котрий засудив Ісуса до страти на хресті, чи Юда Іскаріотський, котрий продав Ісуса юдеям? Ісус дав чітку відповідь на одне із запитань Пилата:

«Надо Мною ти жодної влади не мав би, коли б тобі зверху не дано було; тому більший гріх має той, хто Мене тобі видав» (Євангеліє від Івана

19:11).

Гріх, який вчинив Юда, дійсно більший. За нього він не може отримати прощення, і йому не дається дух прощення. Коли Юда зрозумів, який великий гріх він вчинив, він розкаявся і повернув гроші, але так і не отримав духа прощення.

Згодом, не змігши подолати тягар гріха, страждаючи морально, Юда Іскаріотський покінчив життя самогубством. У Книзі Дії 1:18 описується сумний кінець життя Юди Іскаріотського: *«впавши сторчма, він тріснув надвоє, і все нутро його вилилось»*.

Юду повішено на хресті

Яке покарання отримує Юда у Нижньому шеолі? У найвіддаленішій частині Нижнього шеолу Юду повішено на хресті. Його хрест стоїть першим серед хрестів, на яких висять ті, хто сильно протистояв Богу. Місце події нагадує собою велику могилу, цвинтар після повномасштабної війни, або бойню, повну мертвої худоби.

Розп'яття – це одне із жорстокіших покарань навіть на цій землі. Використання розп'яття служить прикладом а також попередженням для всіх теперішніх та майбутніх злочинців. Будь-хто повішений на хрест відчував більші фізичні страждання, ніж у момент смерті. На протязі довгих годин, коли частини тіла розпадаються на шматки, коли комахи вгризаються у плоть, коли вся кров виливається із тіла, людина якомога швидше прагне здобути свій останній ковток повітря.

У цьому світі біль під час розп'яття продовжується більше половини дня. Однак, у Нижньому шеолі тортури ніколи не закінчуються, там немає смерті. Трагедія покарання розп'яттям продовжуватиметься до судного дня.

Крім того, Юда має на голові терновий вінок, колючки на якому постійно виростають, роздирають шкіру, проколюють череп і мозок. До того ж під ногами звиваються, як черв'яки, тварини. При ближчому спогляданні виявляється, що це інші душі, які потрапили до Нижнього шеолу. І навіть вони катують Юду. У цьому світі вони також протистояли Богові і являли собою скупчення зла, оскільки їхня совість оганьбилась. Вони також отримують суворі покарання і тортури. Чим суворіші тортури, тим несамовитішими вони стають. У свою чергу, щоби випустити свою лють, вони продовжують бити Юду списами.

Потім посланці пекла насміхаються над Юдою, кажучи: «Ось той, хто продав Месію! Він добре зробив для нас! Молодець! Яке безглуздя!»

Велике психологічне катування за продаж Сина Божого

У Нижньому шеолі Юда Іскаріотський має зносити не тільки фізичні тортури, але й дуже велику кількість психологічних катувань. Він завжди пам'ятатиме, що був проклятий за те, що продав Сина Божого. Крім того, через те, що ім'я «Юда Іскаріотський» стало синонімом зрадництва навіть у цьому світі, його психічні тортури відповідно зростають.

Ісус знав наперед, що Юда зрадить Його, і що станеться з Юдою після смерті. Тому Ісус намагався відвоювати Юду за допомогою Слова, але Він також знав, що Юда не буде відвойований. Так в Євангелії від Марка 14:21 Ісус застерігає: *«Людський Син справді йде, як про Нього написано; та горе тому чоловікові, що видасть він Людського Сина! Було б краще тому чоловікові, коли б він не родився!»*

Інакше кажучи, якщо людина отримує перший, найлегший, ступінь покарання, то краще було б цій людині взагалі ніколи не народжуватись, тому що біль покарання дуже сильний і жахливий. Щодо Юди, то він отримує найтяжчі покарання.

Щоби не потрапити до пекла

Тоді хто має страх Божий і виконує Його заповіді? Той, хто завжди святить День Господній і віддає повністю десяту частину Богові, хто виконує ці дві основні складові частини християнського життя.

Якщо ви святите День Господній, це говорить про те, що ви визнаєте верховну владу Бога у духовному царстві. Якщо ви святите День Господній, це означає, що ви – дитина Божа. Якщо ви не дотримуєтесь Дня Господня, тоді немає духовного свідчення, що ви – дитина Божа. У такому випадку ви не маєте іншого вибору, окрім пекла.

Пекло

Якщо ви віддаєте повністю десяту частину Богу, це означає, що ви визнаєте верховну владу Бога над власністю. Це також означає, що ви визнаєте і розумієте те, що Бог є одноосібним володарем всього всесвіту. Відповідно до Малахії 3:9, народ Ізраїлю був проклятий за те, що «обманив [Бога]». Він створив весь всесвіт і дав життя. Він дає нам сонячне світло і зливу, щоби ми жили, силу для роботи, захист для оберігання денної роботи. Справжній Хазяїн всього, що ви маєте, – Бог. Отже незважаючи на те, що всі ваші доходи належать Богові, Він дозволив нам віддавати Йому лише десяту частину того, що ми маємо, а все інше використовувати для себе. ГОСПОДЬ Саваот промовляє у Книзі Малахії 3:10: *«Принесіть же ви всю десятину до дому скарбниці, щоб страва була в Моїм храмі, і тим Мене випробуйте, – промовляє Господь Саваот: чи небесних отворів вам не відчиню, та не виллю вам благословення аж надмір?»* Оскільки ми залишаємося вірними Йому відносно десятої частини, Бог, як обіцяв, відчинить нам небесні отвори і виллє на нас стільки благословення, що ми не матимемо для нього достатньо місця. Однак якщо ви не віддаєте десяту частину Богові, це означає, що ви не віри́те у Його обітницю благословення, вам не вистачає віри для отримання спасіння, і оскільки ви обікрали Бога, ви вже не маєте іншого місця для вічності, окрім пекла.

Отже ми завжди повинні святити День Господній, віддавати повністю десяту частину Тому, Якому належить все, виконувати всі заповіді, прописані в усіх шістдесяти шести книгах Біблії. Я молюся, щоби жоден читач цієї книжки не потрапив до пекла.

У цьому розділі ми дізналися про різні види покарань, які в свою чергу поділяються на чотири ступені. Ці покарання накладаються на засуджені душі, ув'язнені у Нижньому шеолі. Це дуже жорстоке, страшне і сумне місце.

У 2 Посланні Петра 2:9-10 написано: *«То вміє Господь рятувати побожних від спокуси, а неправедних берегти на день суду для кари, а надто тих, хто ходить за нечистими пожадливостями тіла та погорджує владою; зухвалі свавільці, що не бояться зневажати слави».*

Лихі люди, які чинять гріхи, роблять погані вчинки, втручаються у роботу церкви або підривають її авторитет, не мають страху Божого. Такі люди, які очевидно протистоять Богові, не можуть і не повинні шукати або очікувати отримати Божу допомогу у часи страждань і випробувань. До суду великого білого престолу вони будуть ув'язнені у Нижньому шеолі і отримуватимуть покарання відповідно до виду та величини своїх злих вчинків.

Ті люди, які живуть добрим, праведним і відданим життям, завжди покірні Богові у вірі. Таким чином, навіть коли злі вчинки людей сповнили землю і Бог повинен був відкрити небо, ми бачимо, що тільки Ной і його родина спаслися (Книга Буття 6-8).

Так як Ной боявся Бога і корився Його заповідям, а тому уникнув суду і дістав спасіння, ми також маємо стати покірними дітьми Божими в усьому що ми робимо,

Пекло

щоби стати істинними дітьми Божими і виконати Його провидіння.

Розділ 6

Покарання за зневажання Святого Духа

Страждання у казані з киплячою рідиною

Збирання по стрімкій скелі

Спалення рота розпеченим залізом

Неймовірно великі знаряддя катувань

Прив'язані до стовбура дерева

*І кожному, хто скаже слово
на Людського Сина, йому проститься;
а хто зневажатиме Духа Святого, не проститься.*
- Від Луки 12:10 -

*Не можна бо тих, що раз просвітились були,
і скуштували небесного дару, і стали причасниками
Духа Святого, і скуштували доброго Божого Слова та
сили майбутнього віку, та й відпали, знов відновляти
покаянням, коли вдруге вони розтинають у собі Сина
Божого та зневажають.*
- До євреїв 6:4-6 -

В Євангелії від Матвія 12:31-32 Ісус говорить нам: *«Тому то кажу вам: усякий гріх, навіть богозневага, проститься людям, але богозневага на Духа не проститься! І як скаже хто слово на Людського Сина, то йому проститься те; а коли скаже проти Духа Святого, – не проститься того йому ані в цім віці, ані в майбутнім!»*

Ісус промовив ці слова до юдейського народу, який докоряв Ісусові за Його проповідь Євангелія і чудеса божественної сили, стверджуючи, що Він був зачарований злим духом або що Він чинив чудеса силою ворога, сатани я диявола.

Навіть у наш час багато людей, які проголошують свою віру в Ісуса і засуджують церкви, сповнені потужними справами і чудесами Святого Духа, називають їх «єретиками» або «роботою диявола» тільки тому що вони не можуть зрозуміти або прийняти цього факту. Однак яким чином іще може поширюватися Царство Боже і Євангеліє по всьому світу без сили і влади, що надається від Бога, тобто роботи Святого Духа?

Протистояння роботі Святого Духа нічим не відрізняється від протистояння Самому Богу. Тоді Бог також не визнає як Своїх дітей тих, хто перешкоджав роботі Святого Духа, незалежно від того, наскільки вони вважають себе «християнами».

Отже майте на увазі, що навіть після того, як людина побачила і відчула існування Бога у Його служителях, чудесні і незвичайні ознаки і події, які відбуваються у житті, якщо вона все ще засуджуєте Божих служителів і Його церкву, вважаючи їх «єретиками», вона сильно перешкоджає роботі Святого Духа і зневажає Його. Єдиним місцем, приготованим для такої людини, є безодня пекла.

Якщо церква, пастор, або інші служителі Божі істинно визнають Триєдиного Бога, вірять у те, що Біблія – Слово Боже, і вчать саме цьому, вірять у те, що їхнє життя продовжиться на небесах або у пеклі, вірять у судний день, у те, що Бог має верховну владу над усім, вірять у те, що Ісус – наш Спаситель, і проповідують це, ніхто не може і не повинен називати церкву або пастора і служителів Божих «єретиками».

У 1982 році я заснував Церкву Джун-ан Манмін і навернув безліч душ на шлях спасіння через роботу Святого Духа. Дивно, але серед людей, які самі особисто відчули на собі роботу живого Бога, були ті, які фактично протистояли Богу, активно перешкоджаючи цілям і роботі громади, поширюючи чутки і брехню про мене і про церкву.

Розповідаючи мені про лихо і фізичні страждання безодні пекла Бог також описав мені покарання, які чекають у Нижньому шеолі тих людей, які заважають роботі Святого Духа, не коряться Йому і зневажають Його. Яким чином вони будуть покарані?

Страждання у казані з киплячою рідиною

Я шкодую про шлюбні обітниці, які я давала своєму чоловікові, і проклинаю їх.

Чому я знаходжуся у цьому страшному місці?
Він обдурив мене, і через нього я тут!

Це плач дружини, яка отримує четвертий ступінь покарання у Нижньому шеолі. Цей болісний стогін – відгомін темного і вкритого попелом простору, тому що її чоловік обдурив її, щоби вона протистояла Богові разом з ним.

Дружина була грішною людиною, однак в її серці ще існував страх Божий. Отже жінка не могла перешкоджати Святому Духу і боролася з Богом своїми силами. Однак відповідно до її бажань плоті її совість з'єдналася із грішною совістю чоловіка, і подружжя дуже сильно протистояло Богові і Його справам.

Подружжя, яке разом чинило гріх, не отримає покарання разом як подружжя навіть у Нижньому шеолі і страждатиме за всі їхні злочини. Що ж буде причиною їхнього покарання у Нижньому шеолі?

Подружжя терпить муки поодинці

Казан наповнений жахливим смородом, і засуджені душі по черзі занурюються у піністу киплячу рідину. Коли посланець пекла кидає кожну душу у казан, від високої температури все тіло вкривається пухирями. Тепер душі більше схожі на жаб із виряченими очима.

Кожен раз, коли вони відчайдушно намагаються уникнути цієї тортури і виринають з казану, величезні ноги втоптують їх назад. Невеликі залізні або мідні рожна щільно вкривають підошви велетенських ніг посланців пекла. Ноги втоптують душі у казан. При цьому душі отримують глибокі рани і синці.

Через деякий час душі висовують голови знову, бо не можуть витерпіти вогонь. Але їх знову втоптують і штовхають у казан. Крім того, оскільки душі отримують покарання по черзі, якщо чоловік знаходиться у казані, дружина спостерігає, як він мучиться, і навпаки.

Казан прозорий, тож можна побачити, що відбувається всередині. Спочатку, коли чоловік або дружина бачить, як мучиться його/її кохана/коханий, кожен з них просить пощади для іншого:

Там моя дружина!
Будь ласка, витягніть її!
Будь ласка, звільніть її від страждання.
Ні, ні, не втоптуйте її.
Будь ласка, вийміть її, будь ласка!

Однак через деякий час благання чоловіка припиняється. Після неодноразових покарань він починає розуміти, що поки страждає його дружина, він може перепочити, а коли вона виходить із казана, настає його черга.

Взаємні докори і прокляття

Одружені пари у цьому світі не будуть подружжями на небесах. Однак подружжя залишиться подружжям у

Нижньому шеолі. Вони отримуватимуть покарання разом. Однак тепер, коли вони дізналися, що мають отримувати покарання по черзі, їхні благання дещо змінилися:

Ні, ні, будь ласка, не виймайте її.
Нехай вона побуде там трохи довше.
Будь ласка, нехай залишається там,
Щоби я мав можливість трохи більше відпочити.

Дружина бажає, щоби її чоловік постійно страждав, а чоловік у свою чергу благає про те, щоби його дружина залишалася у казані якомога довше. Однак період споглядання за стражданнями іншого не дає часу для відпочинку. Короткі перерви не можуть компенсувати тривалі фізичні страждання, особливо тому що чоловік знає, що після дружини настає його черга. Крім того, коли один з них страждає, бачить і чує, як інший благає про його довше покарання, вони проклинають одне одного.

Тут ми бачимо, чим закінчується плотська любов. Істинність плотської любові і справжність пекла полягає у тому, що коли одна людина страждає від неймовірної кількості та величини катувань, він або вона залюбки бажає іншому терпіти муки замість себе.

Якщо дружина шкодує, що протистояла Богові «через свого чоловіка», вона завзято говорить своєму чоловікові: «Я тут через тебе!» У відповідь ще гучнішим голосом чоловік проклинає і звинувачує свою дружину, котра підтримувала його і приймала участь у його злодіяннях.

Чим більше подружжя грішить…

Посланці пекла у Нижньому шеолі дуже радіють, вони у захваті від чоловіка і дружини, котрі проклинають одне одного, і благають посланців, щоби їхня друга половина отримувала покарання довше і тяжче.

Дивіться, вони проклинають одне одного навіть тут!
Який гарний гріх! Яка насолода для нас!

Посланці пекла ніби дивляться цікаве кіно. Вони приділяють цьому особливу увагу і розпалюють вогонь ще більше для власного задоволення. Чим більше страждають чоловік та жінка, чим більше вони проклинають одне одного, і тим голосніше сміються посланці пекла.

Ми повинні чітко зрозуміти одне: коли люди чинять гріх навіть у цьому житті, злі духи радіють і насолоджуються. У той же час, чим більше гріха чинять люди, тим більше вони віддаляються від Бога.

Коли ви стикаєтесь з труднощами і йдете на компроміс зі світом, журитесь, скаржитесь і ображаєтесь на якихось осіб або обставини, ворог-диявол швидко наближається до вас і радісно збільшує ваші труднощі і горе.

Мудра людина, яка знає закон духовного світу, ніколи не буде журитись або скаржитися, але навпаки подякує за всі обставини і, маючи позитивне ставлення, завжди сповідатиме свою віру в Бога, зосереджуючи свою увагу лише на Господі. Крім того, якщо грішна людина засмутить вас, як написано у Посланні до римлян 12:21: *«Не будь переможений злом, але перемагай зло добром!»*, ви завжди повинні відповідати добром на зло, повністю присвятивши себе Богу.

Подібно до цього, коли ви чините добро і ходите у світі, ви матимете силу і владу для здолання впливу злих духів. Тоді ворог, сатана і диявол, не зможе примусити вас чинити гріх, і всі ваші труднощі відійдуть набагато швидше. Бог радіє, коли Його діти діють і живуть відповідно до своєї доброї віри.

За жодних обставин ви не повинні проявляти зло, як хоче наш ворог, сатана і диявол, але завжди думати про істину, бути вірними, чинити правду, чого бажає наш Бог-Отець.

Збирання по стрімкій скелі

Незалежно від того, хто ви: служитель Божий, старшина, або служитель в Його церкві, одного дня ви напевно станете жертвою сатани, якщо не обріжете своє серце і продовжуватимете грішити. Деякі люди відвертаються від Бога, бо вони люблять світ. Інші перестають приходити до церкви після спокушання. Інші протистоять Богові, перешкоджаючи планам і місіям Його церкви, що робить їх безпомічними на дорозі смерті.

Історія цілої сім'ї, яка зрадила Бога

Я розповім історію про сім'ю одного чоловіка, який колись вірно працював для Божої церкви. Вони не обрізали свої серця, які були сповнені дратівливістю і пожадливістю. Тому вони впливали на інших членів церкви і неодноразово чинили гріх. Зрештою їх було покарано: у батька родини виявили серйозну хворобу. Ціла сім'я зібралася разом і почала молитися і каятися, молитися за його життя.

Бог почув їхню молитву каяття і зцілив батька. Тоді Бог сказав мені дещо несподіване: «Якщо я прикличу душу цього чоловіка зараз, він може отримати хоча б ганебне спасіння. Якщо Я дозволю йому прожити трохи довше, він зовсім не отримає спасіння».

Я не розумів, що Він мав на увазі, але через декілька місяців, проаналізувавши поведінку сім'ї, я згодом зрозумів все. Один член родини був вірним служителем у моїй церкві. Він почав шкодити Божій церкві і Його Царству, даючи неправдиві свідчення про церкву і чинячи багато інших злих справ. Зрештою він ввів в оману всю сім'ю, і всі відвернулися від Бога.

Якщо колишній робітник моєї церкви обманював і сильно зневажав Святого Духа, інші члени родини чинили непростимі гріхи, а батько, котрий відродився після моєї молитви, згодом помер. Якщо би батько помер, коли він мав хоча б малу віру, він міг би отримати спасіння. Однак він залишив свою віру, не давши собі жодного шансу для спасіння. Крім того, кожний член родини також потрапить до Нижнього шеолу, у який потрапить батько, і де всі члени родини отримають покарання. Яким буде їхнє покарання?

Безупинне збирання по стрімкій скелі

Там, де сім'я отримує покарання, знаходиться стрімка скеля. Вона така висока, що її вершину не видно з підніжжя. Чується страшний пронизливий крик. На половині дороги вверх по цій скривавленій скелі отримують покарання три душі, які здалеку схожі на три малі цяточки.

Вони збираються по цій грубій скелі, хапаючись за неї голими руками і ногами. Їхні руки і ноги стираються ніби об наждачний папір, їхня шкіра швидко здирається і зношується. Їхні тіла наскрізь промочені кров'ю. Вони збираються по стрімкій скелі, яка здається неймовірною, для того, щоби уникнути посланця пекла, який літає по цій території.

Коли цей посланець пекла збирається по стрімкій скелі, подивившись, як три душі збираються по ній, він підіймає свої руки, і крихітні комахи, точні копії посланця пекла, розсіюються по всій території як частинки води, що розсіюються після розприскування. Їхні роти розкриті, видно їхні гострі зуби. Ці комахи швидко збираються по стрімкій скелі і наздоганяють душі.

Уявіть собі сотні стоног, тарантул і тарганів, всі розміром з палець, що вкривають підлогу, коли ви входите у свій дім. Також уявіть цих страшних комах, які одночасно біжать до вас.

Самого вигляду цих комах достатньо для того, щоби налякати вас. Якщо всі ці комахи одночасно рушать на вас, це може бути найжахливіший момент у вашому житті. Коли ці комахи починають збиратися по вашим ногам, і згодом беруть у полон все тіло, як можна описати таку жахливу сцену?

Однак неможливо сказати, скільки сотень або тисяч комах знаходиться у Нижньому шеолі. Душі лише знають, що існує незліченна кількість цих комах, і ці троє – їхня здобич.

Безліч комах кидаються на три душі

Побачивши цих комах у підніжжя стрімкої скелі, три душі збираються по ній все швидше і швидше. Однак скоро їх ловлять, захоплюють, і скидають на землю, де вони залишаються лежати доки їхні тіла не обгризуть ці жахливі комахи.

Коли частини тіла цих душ відгризають, вони відчувають такий нестерпний біль, що вони кричать як дикі тварини, безпомічно звиваючись і трясучись. Вони намагаються самостійно струсити комах. Вони топчуть і стискають одне одного, постійно проклинаючи і докоряючи одне одному. Під час цих фізичних страждань з кожного з них виходить ще більше зла. Вони намагаються задовольнити тільки свої особисті інтереси, і продовжують посилати прокляття. Посланці пекла радіють від цього видовища більше ніж від будь-чого іншого, побаченого раніше.

Потім, коли посланець пекла пролітає по цій території, він простягає руку і збирає цих комах. За хвилину вони зникають. Три душі тепер не відчувають зубів комах, але вони не можуть зупинитися, вони постійно збираються по стрімкій скелі. Вони добре знають, що летючий посланець скоро випустить комах. З усієї сили вони продовжують збиратися по скелі. У цьому моторошному спокої ці троє дуже бояться того, що має відбутися, і щосили намагаються вилізти по стрімкій скелі.

Біль від глибоких ран, котрі душі отримали, збираючись по скелі, неможливо не помітити. Три душі обдивляються свої тіла, вкриті кров'ю, і, маючи страх перед комахами, які гризуть їх, збираються так швидко, наскільки це можливо. Це дуже жалюгідне видовище!

Спалення рота розпеченим залізом

У Книзі Приповістей 18:21 написано: *«Смерть та життя – у владі язика, хто ж кохає його, його плід поїдає»*. В Євангелії від Матвія 12:36-37 Ісус говорить нам: *«Кажу ж вам, що за кожне слово пусте, яке скажуть люди, дадуть вони відповідь судного дня! Бо зо слів своїх будеш виправданий, і зо слів своїх будеш засуджений»*. Два уривка говорять нам, що Бог спитає нас за наші слова і судитиме нас відповідно.

З одного боку ті, хто говорять гарні слова істини, приносять добрі плоди відповідно до своїх слів. З іншого боку ті, хто вимовляє погані слова, не маючи віри, приносять поганий плід відповідно до злих слів, вимовлених гріховними вустами. Інколи ми бачимо, як безпечно вимовлені слова можуть у подальшому принести величезний біль і нестерпну муку.

За кожне слово ви отримаєте відплату

Деякі віруючі, які терплять гоніння від своїх близьких, говорять або моляться так: «Якщо моя сім'я покається завдяки нещасливому випадку, це буде варто того». Саме тоді, коли ворог, сатана і диявол, чує ці слова, він звинувачує людину перед Богом, говорячи: «Слова цієї людини мають виповнитися». Таким чином, слова насправді стають насінням, і нещасливий випадок, після якого люди стають каліками і стикаються з додатковими труднощами, все-таки відбувається.

Чи потрібно страждати самому через такі нерозсудливі і непотрібні слова? Нажаль, коли горе хмариться над головами людей, багато хто з них спотикається. Інші навіть не розуміють, що труднощі прийшли через їхні власні слова, а інші навіть не пам'ятають, що вони сказали, що могло спричинити таке горе.

Тому, пам'ятаючи про те, що за кожне слово так чи інакше буде відплачено, ми завжди повинні поводити себе найкращим чином і стримувати свої язики. Незалежно від наміру, якщо ви говорите все, окрім доброго і прекрасного, сатана може легко (саме так і буде) зробити вас відповідальними за свої слова, і ви отримаєте фізичні страждання, а інколи надмірні нещастя.

Що відбудеться з тим, хто навмисно говорить неправду про Божу церкву і Його улюбленого служителя, і таким чином сильно заважає місії церкви і протистоїть Богові? Така людина швидко підпаде під вплив сатани і отримає покарання у пеклі.

Це лише приклад покарань, які будуть накладені на тих, хто перешкоджав Святому Духу своїми словами.

Люди, які перешкоджають Святому Духові своїми словами

Була одна людина, яка відвідувала мою церкву і служила у ній довгий час, обіймаючи багато посад. Однак цей чоловік не обрізав своє серце, що є найважливішою умовою для всіх християн. Зовні здавалося, що він в усьому вірний робітник, люблячий Бога, церкву і братів-християн.

Серед членів його родини був такий, що отримав зцілення від невиліковної хвороби, котра могла залишити його калікою на все життя, а також ще один, хто ожив перед порогом смерті. Крім цього його родина мала багатий досвід і благословення від Бога, але він не обрізав своє серце і не позбавився гріха.

Тож коли вся церква постала перед серйозними труднощами, членів його родини спокусив сатана, щоби вони зрадили її. Не згадуючи про милість і благословення, які він отримав завдяки церкві, цей чоловік покинув церкву, в якій так довго служив. Крім того, він почав виступати проти церкви і скоро, ніби працюючи на євангелізаційній місії, він почав відвідувати членів церкви, перешкоджаючи їхній вірі.

Хоча він покинув церкву через сумніви у своїй вірі, він міг би отримати співчуття Бога наприкінці, якби тільки поводив себе спокійно у питаннях, в яких він був необізнаний, і якби він намагався побачити і відділити правду від неправди.

Проте він не міг здолати свій власний гріх, а також дуже багато грішив язиком. Тож тепер його очікує страшна кара.

Обпалений рот і скручене тіло

Посланець пекла обпалив йому рот розжареним залізом, бо він жорстоко протистояв Святому Духу словами, які промовляв. Таке покарання схоже на покарання Понтія Пилата, котрий засудив невинного Ісуса до розп'яття словами, які він вимовив, і тепер він назавжди втратив свій язик у Нижньому шеолі.

Душа також має увійти у скляну трубку, закриту з обох боків пробками, де розміщені металеві ручки. Коли посланці пекла повертають ці ручки, тіло пійманої душі скручується. Її тіло скручується сильніше і сильніше. І як брудна вода вичавлюється з ганчірки на швабрі, кров душі б'є струмком з очей, носа, рота і всіх інших отворів на тілі. Зрештою вся кров і сік витікає із клітин.

Чи можете ви уявити собі, скільки сили потрібно для

того, щоби вичавити краплю крові, скрутивши палець?

Кров і сік душі вичавлюється не тільки з однієї частини тіла, але зі всього тіла – з голови до пальців ніг. Всі кістки і мускулатура скручуються і руйнуються, всі клітини розпадаються, так що навіть остання крапля будь-якої рідини з тіла може бути вичавлена. Це дуже боляче!

Зрештою скляна трубка наповнюється кров'ю і соком тіла, так що здалеку вона нагадує пляшку з червоним вином. Після того, як посланці пекла скрутили тіло душі поки з тіла не вилилась остання крапля рідини, на якийсь час вони залишають тіло у спокої, щоби дати йому можливість відновитися.

Однак навіть коли тіло відновилося, яку надію має душа? Відколи відновилося тіло, процес скручування і вичавлювання знову повторюється. Інакше кажучи, час між тортурами – це тільки відстрочка катувань.

За те, що людина чинила перешкоди Царству Божому своїм язиком, губи душі обпалюються. А за активну допомогу роботі сатани, вичавлюється рідина до останньої краплі.

У духовному світі людина пожинає плоди посіяного, і все, що вона робить, буде зроблено з нею також. Будь ласка, запам'ятайте це і не вмирайте від гріха, але сповнюйтесь лише добрими словами і справами. Всім своїм життям прославляйте Бога.

Неймовірно великі знаряддя катувань

Ця душа особисто відчула на собі роботу Святого Духа, коли вона зцілилася від хвороби і гріха. Після цього вона щиро молилася, щоби обрізати своє серце. Її життя вів і скеровував Святий Дух. І вона приносила плід. Ця людина здобула хвалу і любов членів церкви і стала служителем.

Охоплена власною гордістю

Оскільки ця людина здобула хвалу і любов оточуючих, вона стала надто гордою, так що більше не могла правильно оцінювати себе, і непомітно перестала обрізати своє серце. Цей чоловік завжди був запальною і заздрісною людиною. Замість того, щоби позбавитися цих поганих якостей, він почав засуджувати тих, хто був правий, і виявляв незадоволення до тих, хто не догоджав або не погоджувався з ним.

Відколи людину охоплює гордість і вона починає грішити, з неї виходить ще більше зла, і вона вже більше не стримує себе та не зважає на поради інших людей. Ця душа накопичила гріх за гріхом, і згодом потрапила до пастки сатани та відкрито виступила проти Бога.

Спасіння не завершується з моменту отримання Святого Духа. Навіть якщо ви сповнені Святим Духом, відчуваєте милість і служите Богу, ви схожі на марафонця, котрий знаходиться далеко від фінішу – очищення. Незалежно від того, як добре біжить спортсмен, якщо він припиняє бігти або втрачає свідомість, він вже не зможе отримати перемогу. Багато людей біжать до фінішної лінії – до небес. Незалежно від того, як швидко ви бігли до певного моменту, незалежно від того, наскільки близько ви добігли до фінішу, якщо ви зупинилися, на цьому ви завершили своє змагання.

Не думайте, що ви твердо стоїте

Бог також говорить нам, що якщо ми «літеплі», то Він відмовиться від нас (Об'явлення 3:16). Навіть якщо ви – людина віри, ви повинні завжди сповнюватися Святим Духом; підтримувати пристрасне захоплення Богом; і палко бажати потрапити до Небесного Царства. Якщо ви припините змагання на половині шляху, як ті люди, які не приймають участі у змаганнях від самого початку, ви не матимете спасіння.

З цієї причини апостол Павло, котрий був вірний Богові всім своїм серцем, визнавав: *«Я щодень умираю. Так свідчу, браття, вашою хвалою, що маю її в Христі Ісусі, Господі нашім»* (1 Послання до коринтян 15:31), а також: *«Але вмертвляю й неволю я тіло своє, щоб, звіщаючи іншим, не стати самому негідним»* (1 Послання до коринтян 9:27).

Навіть якщо ви готові вчити інших, але не покинули свої власні думки і не перемагаєте своє тіло, щоби зробити його власним рабом, так само, як зробив Павло, Бог відмовиться від вас. Це тому що *«ваш супротивник – диявол – ходить, ричучи, як лев, що шукає пожерти кого»* (1 Послання Петра 5:8).

У 1 Посланні до коринтян 10:12 читаємо: *«Тому то, хто думає, ніби стоїть він, нехай стережеться, щоб не впасти!»*. Духовний світ нескінченний, і наше намагання стати більше схожими на Бога також не знає кінця. Так само як господар сіє зерна навесні, обробляє влітку, а восени збирає врожай, ви маєте постійно рухатися вперед, щоби змусити свою душу відзначитися і підготуватися до зустрічі з Господом Ісусом.

Скручування голови

Які покарання очікують цю душу, яка перестала обрізати своє серце через те, що вона думала, що стоїть твердо, але зрештою зазнала невдачі?

Її катує механізм, схожий на посланця пекла, грішного ангела. Машина у декілька разів більша від посланця пекла. Навіть подивившись на неї у вас пройде мороз по шкірі. На руках катувальної машини – гострі нігті, довші за зріст середньої людини.

Ця величезна катувальна машина тримає душу за шию правою рукою і а лівою – скручує їй голову, доходячи до мозку. Чи можете ви уявити, як це боляче?

Фізичний біль жахливий; психологічні передсмертні муки ще нестерпніші. Перед очима душі проходить ніби серія слайдів, де яскраво зображені найщасливіші моменти життя: щастя від відчуття Божої милості, прославляння Бога, час, коли людина бажала виконувати наказ Ісуса: «Ідіть, і навчіть всі народи», та інші.

Психологічні катування і насмішки

Для кожної душі кожен епізод – ніби удар кинджалом. Колись людина служила всемогутньому Богу і була сповнена надією у майбутньому жити у Новому Єрусалимі. Тепер вона ув'язнена у страшному місці. Такий сильний контраст розриває її серце на шматки. Душа більше не може витримати психологічні муки і закриває руками свою скривавлену і скуйовджену голову і обличчя. Вона благає змилуватися над нею і закінчити катування, але мукам немає кінця.

Через деякий час механізм катування кидає душу на дно. Потім посланці пекла, які споглядали за стражданням душі, оточують її і говорять, насміхаючись: «Як ти міг бути служителем Божим? Ти був апостолом сатани, а тепер ти – його забавка».

Коли душа слухає насмішки, ридає і голосно благає змилуватися над нею, два пальці на правій руці катувальної машини підіймають її за шию. Не звертаючи уваги на звивання душі катувальна машина підіймає її до рівня шиї і штовхає голову гострими нігтями лівої руки. Машина накладає додаткову кару, промотуючи перед очима слайди життя. Це катування продовжуватиметься до судного дня.

Прив'язані до стовбура дерева

Це покарання колишнього служителя Бога, котрий колись вчив членів своєї церкви і обіймав багато значних посад.

Перешкоджання роботі Святого Духа

Ця душа мала сильне бажання прославитися, отримати матеріальну нагороду і владу. Людина старанно виконувала свої обов'язки, але не розуміла своєї гріховності. На якомусь етапі вона перестала молитися, і таким чином перестала докладати зусиль, щоби обрізати своє серце. Мимоволі в душі цієї людини, ніби отруйні гриби, виросли всі можливі гріхи, і коли церква, в якій вона служила, переживала велику кризу, її негайно взяв під свою владу сатана.

Коли ця людина після спокушання сатаною почала перешкоджати Святому Духові, її гріхи стали більш серйозними, бо цей чоловік був лідером своєї церкви і негативно впливав на багатьох членів церкви і перешкоджав Божому Царству.

Предмет катування і насмішки

Цей чоловік отримує покарання через прив'язування до стовбура дерева у Нижньому шеолі. Його покарання не таке суворе, як покарання Юди Іскаріотського, але все-таки воно жорстоке і нестерпне.

Посланець пекла показує душі слайди, що відображують найщасливіші моменти її життя, переважно про часи, коли ця людина була вірним Божим служителем. Це психологічне катування нагадує людині про колишні щасливі часи і можливість отримати щедрі Божі благословення, але він ніколи не обрізав своє серце через власну пожадливість і фальш, і тепер він знаходиться тут, щоби отримати цю страшну кару.

Зі стелі звисають незчисленні чорні плоди. Після того, як душа роздивилася слайди, посланець пекла звертає її увагу на стелю і насміхається, промовляючи: «Твоя пожадливість принесла такий плід!» Потім плоди один за одним починають падати. Плоди – це глови людей, які протистояли Богові разом з ним. Вони вчинили такий самий гріх, і їхні голови були відрізані від тіл після жахливого катування. Залишилися тільки голови, що звисають зі стелі. Душа, що прив'язана до стовбура дерева, спонукала і зваблювала цих людей у світі, щоби вони наслідували жадібність і чинили гріх, тож вони стали плодами цієї пожадливості.

Кожного разу, коли служитель пекла насміхається над душею, ця насмішка служить сигналом для того, щоби ці плоди один за одним падали і лопалися. Потім голова з тріском викочується із мішка. У драматичних, історичних, документальних стрічках, у бойовиках, художніх фільмах та п'єсах змальовується, як героям перерізають горло, потім показують їхні голови зі скуйовдженим волоссям, заюшеним кров'ю обличчям, із пухирями крові на губах і скляними очима. Голови, які падають зі стелі, дуже схожі на голови, які зображені у художніх фільмах чи книжках.

Голови, що падають зі стелі, гризуть душу

Коли страшні голови падають зі стелі, вони одна за одною чіпляються до душі. Спочатку вони чіпляються до ніг і відкусують їх.

Ще одна стрічка із слайдів проходить перед очима душі, і посланець пекла знов і знов насміхається над нею, промовляючи: «Дивись, це висить твоя пожадливість!» Тоді зі стелі падає і розривається ще один мішок, і ще одна голова чіпляється до рук душі і злісно кусає їх.

Таким же чином, кожного разу, коли посланець пекла насміхається над душею, зі стелі одна за одною падають голови. Ці голови звисають, обліплюючи тіло душі, ніби з дерева, яке приносить багато плодів. Біль від укусів голів повністю відрізняється від укусів будь-яких тварин, які живуть у цьому світі. Орута від гострих зубів цих голів розповсюджується до кісток. Від цього тіло твердіє і чорніє. Ця біль така велика, що укус комах, або напад дикої тварини здається менш болючим.

Душі, в яких залишилися тільки голови, мають страждати від катування: решту їхнього тіла відрізають і розривають на частини. Скільки незадоволення вони мають проти душі, яка звабила їх? Незважаючи на те, що вони протистояли Богові через власний гріх, вони мають відчайдушне бажання відплатити душі за своє падіння.

Душа дуже добре знає, що вона отримує покарання через власну пожадливість. Однак замість покаяння у своїх гріхах, вона проклинає голови інших душ, які кусають і знищують її тіло. З часом біль збільшується, душа стає більш грішною і злою.

Ви не повинні чинити непробачні гріхи

Я навів п'ять прикладів покарання, накладених на людей, які протистояли Богові. Такі душі мають отримати суворіші покарання, ніж багато інших, бо вони до певного періоду свого життя працювали для Бога і поширювали Його Царство як лідери церкви.

Ми повинні пам'ятати, що багато душ, які потрапили до Нижнього шеолу, і отримують покарання, вважали, що вірять в Бога, вірно і палко служили Йому, Його служителям і церкві.

Крім того, ви повинні пам'ятати, що не треба нічого говорити проти Святого Духа, не протистояти Йому та не зневажати Його. Дух каяття не буде даний тим, хто перешкоджає Святому Духу, особливо через протистояння Святому Духу після того, як вони сповідали свою віру в Бога і після того, як вони особисто відчули роботу Святого Духа. Отже ці люди навіть не можуть покаятися.

Від початку мого служіння і до сьогодні я ніколи не критикував жодну церкву, жодного служителя Божого, ніколи не обвинувачував їх у єресі. Якщо в інших церквах люди, пастори вірять у Триєдиного Бога, визнають існування небес і пекла, проповідують Євангеліє спасіння через Ісуса Христа, чи можуть вони бути єретиками?

Крім того, абсолютним протистоянням Святому Духу є засудження церкви, яка сама, або служитель якої є відображенням та підтвердженням Божої влади і Його присутності. Запам'ятайте, що такий гріх немає прощення.

Таким чином, доки не встановилася істина, ніхто не може нікого засуджувати і звинувачувати у єресі. Крім того, ви ніколи не повинні чинити гріх, заважаючи роботі Святого Духа, не протистояти Йому своїм язиком.

Якщо ви відмовляєтесь від виконання Богом даних обов'язків

За жодних обставин ми не повинні відмовлятися на власний розсуд від виконання Богом данних обов'язків. Ісус підкреслив важливість виконання обовязків за допомогою притчі про таланти (Євангеліє від Матвія 25).

Один чоловік зібрався у подорож. Він покликав своїх рабів і довірив їм своє майно, кожному по його можливостям. Першому рабу він дав п'ять талантів, другому – два, а третьому – один талант. Перший та другий раби примусили свої гроші працювати, і кожен з них вдвоє примножив їх. Однак раб, котрий отримав один талант, пішов та закопав його в землю і сховав срібло пана свого. По довгому часі вернувся пан і зажадав від своїх рабів обрахунку. Раби, котрі отримали п'ять і два таланти, відповідно представили подвійну суму. Пан похвалив кожного, промовивши: «Гаразд, рабе добрий і вірний!» Але пан відмовився від раба, котрий отримав один талант, бо він не примусив гроші працювати і не заробив прибуток з них, але навпаки утримував їх у себе.

«Талант» у цій притчі означає будь-який Богом даний обов'язок. Ви бачите, що Бог відмовляється від того, хто лише зберігає свій обов'язок. Проте так багато людей, які оточують нас, відмовляються виконувати свої обов'язки, дані їм Богом. Ви повинні розуміти, що ті люди, хто відмовляються виконувати свої обов'язки, будуть засуджені у судний день.

Відмовитися від лицемірства і обрізати своє серце

Ісус також говорив про важливість обрізання серця, коли докоряв книжникам і фарисеям у їхньому лицемірстві. Книжники і фарисеї жили ніби праведним життям, але їхні серця були повні гріха, тож Ісус докорив їм, назвавши їх побіленими гробами.

> *Горе вам, книжники та фарисеї, лицеміри, що подібні до гробів побілених, які гарними зверху здаються, а всередині повні трупних кісток та всякої нечистости! Так і ви, – назовні здаєтеся людям за праведних, а всередині повні лицемірства та беззаконня!* (Євангеліє від Матвія 23:27-28)

За такої ж причини немає сенсу накладати косметику або одягати вишукані наряди, якщо ваше серце сповнене заздрощів, ненависті і зухвальства. Більше за все Бог бажає, щоби ми обрізали наші серця і позбулися гріха.

Євангелізація, турбота про членів церкви, служіння – все

це дуже важливо. Однак найважливіше – любити Бога, ходити у світлі і ставати більше схожими на Бога. Ви повинні бути святими, як Бог, і ви також повинні бути безгрішними, як Бог.

З одного боку, якщо ваша старанність перед Богом не є плодом вашого чистого серця і абсолютної віри, вона може у будь-який момент виродитися, а отже не сподобається Богові. З іншого боку, якщо людина обріже своє серце для того, щоби стати святою, тоді серце такої людини буде розливати аромат, який дійсно подобається Богу.

Крім того, незалежно від того, наскільки добре ви вивчили і знаєте Боже Слово, найважливішим для вас буде налаштуватися на те, щоби ваша поведінка і все життя відповідало Слову. Ви повинні завжди пам'ятати про існування страшного пекла, ви повинні очистити своє серце. І коли прийде Господь Ісус, ви одним із перших зможете обійняти Його.

У 1 Посланні до коринтян 2:12-14 написано: *«А ми прийняли духа не світу, але Духа, що з Бога, щоб знати про речі, від Бога даровані нам, що й говоримо не вивченими словами людської мудрости, але вивченими від Духа Святого, порівнюючи духовне, до духовного. А людина тілесна не приймає речей, що від Божого Духа, бо їй це глупота, і вона зрозуміти їх не може, бо вони розуміються тільки духовно».*

Без роботи і допомоги Святого Духа, явленого нам Богом, як можуть люди, живучи у матеріальному світі, говорити про духовне і розуміти духовне?

Сам Бог свідчив про пекло, і кожне слово Його – правда. Покарання у пеклі настільки страшне, що замість викриття кожної деталі, я описав лише декілька випадків катування. Також пам'ятайте, що серед великої кількості людей, які потрапили до Нижнього шеолу, є ті, що колись були вірними і відданими Богу.

Якщо ви не маєте належних характеристик, а саме, якщо ви перестали молитися і обрізати своє серце, вас майже обов'язково спокушатиме сатана, щоби ви виступали проти Бога, а наприкінці потрапили до пекла.

В ім'я Господа нашого Ісуса Христа я молюся про те, щоби ви зрозуміли, яким страшним і поганим місцем є пекло, щоби ви намагалися спасти якомога більше душ, палко молилися, старанно проповідували Євангеліє і завжди перевіряли себе, щоби досягти абсолютного спасіння.

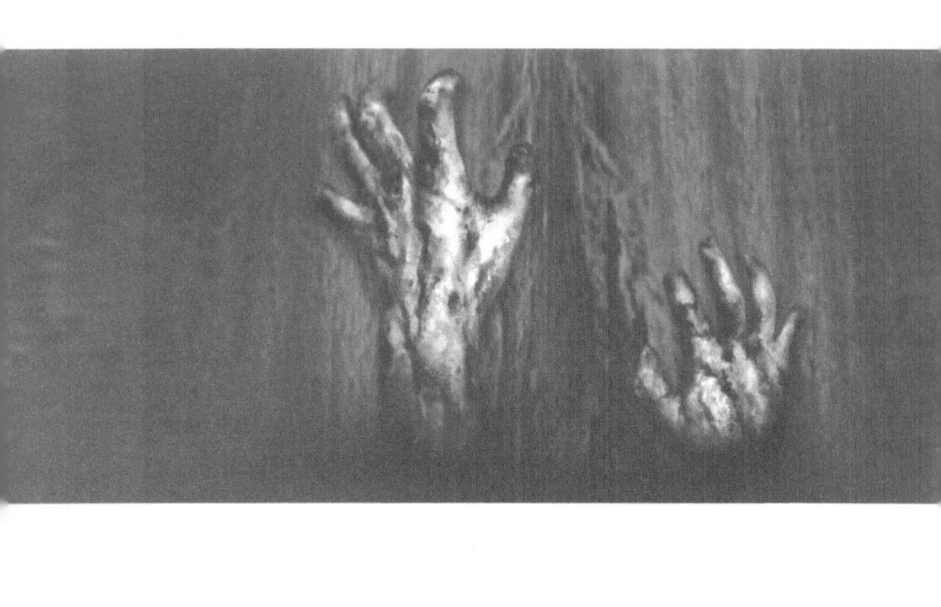

Розділ 7

Спасіння під час великого горя

Пришестя Христа та взяття живим на небо

Сім років великого горя

Мучеництво під час великого горя

Друге пришестя Христа і тисячолітнє царство

Приготування для того, щоби стати прекрасною нареченною Господа

*І проповідана буде ця
Євангелія Царства по цілому світові,
на свідоцтво народам усім. І тоді прийде кінець!
- Від Матвія 24:14 -*

*А інший, третій Ангол летів услід за ним, гучним голосом
кажучи: Коли хто вклоняється звірині та образу її, і приймає
знамено на чолі своїм чи на руці своїй, то той питиме з вина
Божого гніву, вина незмішаного в чаші гніву Його, і буде
мучений в огні й сірці перед Анголами святими та перед
Агнцем. А дим їхніх мук підійматиметься вічні віки. І не мають
спокою день і ніч усі ті, хто вклоняється звірині та образу її,
і приймає знамено імення його.
- Об'явлення 14:9-11 -*

Коли ми звертаємо особливу увагу на сучасний плин історії, або на пророцтва Біблії, ми розуміємо, що наближається час приходу Господа. За останні роки відбувається багато землетрусів і повенів. Подібні катаклізми відбувалися раніше лише один раз на сто років.

До того ж, часто відбуваються великомасштабні лісові пожежі, урагани і тайфуни, що руйнують все на своєму шляху, а також величезна кількість нещасних випадків. В Африці, Азії багато людей постраждали і загинули від голоду, причиною якого була довга засуха. Світ був свідком і відчув на собі дії аномальних погодних явищ, що були спричинені вичерпанням озонового шару, «El Niño», «La Niña», та багатьох інших.

До того ж, здається, що ніколи не закінчаться війни і конфлікти між країнами, терористичні акти та інші форми насилля. Звірства, що неможливо пояснити жодними моральними принципами людства, стали щоденними подіями і висвітлюються у засобах масової інформації.

Такі явища вже були спророчені Ісусом Христом два тисячоліття тому, коли Він відповів на запитання Своїх учнів: *«Скажи нам, – коли станеться це? І яка буде ознака приходу Твого й кінця віку?»* (Євангеліє від Матвія 24:3)

Наприклад, наскільки правдивими є такі слова сьогодні?

«Бо повстане народ на народ, і царство на царство, і голод, мор та землетруси настануть місцями. А все це – початок терпінь породільних» (Євангеліє від Матвія 24:7-8).

Тому якщо ви маєте істинну віру, ви повинні знати, що день повернення Ісуса дуже близько. Тож вартуйте, як п'ять мудрих дів (Євангеліє від Матвія 25:1-13). Ви ніколи не повинні бути покинутими, як п'ять дів, які не приготували достатньо оливи для своїх каганців.

Пришестя Христа та взяття живим на небо

Бизько дві тисячі років тому наш Господь Ісус помер на хресті і воскрес на третій день, і вознісся на небо, що бачили багато людей. У Книзі Дії 1:11 написано: *«Той Ісус, що вознісся на небо від вас, прийде так, як бачили ви, як ішов Він на небо!»*

Ісус повернеться на хмарах

Ісус Христос відкрив для нас шлях спасіння, вознісся на небо, посів по праву руку від Бога і готує місце для нас. У час вибору Божого, і коли наші місця будуть готові на небі, Ісус повернеться до нас, як було пророцтво Ісуса в Євангелії від Івана 14:3: *«А коли відійду й приготую вам місце, Я знову прийду й заберу вас до Себе, щоб де Я – були й ви».*

Яким буде прихід Ісуса?

У 1 Посланні до солунян 4:16-17 змальовується картина, коли Ісус зійде з неба з незчисленним небесним воїнством і ангелами, а також з умершими в Христі.

> *Сам бо Господь із наказом, при голосі Архангола та при Божій сурмі зійде з неба, і перше воскреснуть умерлі в Христі, потім ми, що живемо й зостались, будемо схоплені разом із ними на хмарах на зустріч Господню на повітрі, і так завсіди будемо з Господом.*

Це буде дуже величне видовище, коли Ісус Христос повернеться в оточенні незчисленного небесного воїнства і ангелів на хмарах. Тоді всі люди, які отримали спасіння від віри, схоплені будуть на хмарах і потраплять на семирічне весільне свято.

Ті, хто вже помер, але отримали спасіння у Христі, спочатку воскреснуть, а потім будуть схоплені на небо, за ними ж підуть ті, хто ще буде живий у час повернення Ісуса, чиї тіла перетворяться на вічні.

Взяття живим на небо і семирічне весільне свято

«Взяття живим на небо» – це така подія, коли віруючі будуть схоплені на повітрі. Тож де згадується «повітря» у 1 Посланні до солунян 4?

Відповідно до написаного у Посланні до ефесян 2:2 сказано: *«в яких ви колись проживали за звичаєм віку цього, за волею князя, що панує в повітрі, духа, що працює тепер у неслухняних»*. Тут «повітря» означає таке місце, де панують злі духи.

Але це місце для злих духів не означає місце, де відбуватиметься семирічне весільне свято. Бог, наш Отець, приготував для свята особливе місце. У Біблії «повітрям» називається місце для злих духів, бо ці два місця знаходяться в одному духовному просторі.

Коли ви туманно подивитеся на небо, ви можете не зрозуміти, де саме знаходиться «повітря» – місце, де ми зустрінемось з Ісусом, і де проводитиметься семирічне весільне свято. Відповіді на ці запитання можна знайти у серії «Лекції по Книзі Буття», а також у серії книг *«Небеса»*. Будь ласка, зверніться до цих уроків, тому що це важливо – правильно розуміти духовний світ і вірити у справжню Біблію.

Чи можете ви уявити собі, якими щасливими будуть віруючі в Ісуса, котрі готувалися до приходу Його, як невіста, коли вони зустрінуться із нареченим і потраплять на своє весілля, що продовжуватиметься сім років?

> *«Радіймо та тішмося, і даймо славу Йому, бо весілля Агнця настало, і жона Його себе приготувала! І їй дано було зодягнутися в чистий та світлий вісон, бо вісон – то праведність святих. І сказав він мені: «Напиши: Блаженні покликані на весільну вечерю Агнця!» І сказав він мені: «Це правдиві Божі слова!»* (Об'явлення 19:7-9)

З одного боку віруючі, які схоплені були на повітрі, отримають нагороду за те, що вони здолали світ. А з іншого боку, ті, хто не був схоплений, буде страждати від неймовірного горя від злих духів, котрі будуть вигнані на землю з повітря, коли повернеться Ісус.

Сім років великого горя

Поки віруючі, котрі отримали спасіння, насолоджуватимуться весільною вечерею на повітрі разом з Ісусом на протязі семи років, поділяючи з Ним радість і плануючи своє щасливе майбутнє, всіх, хто залишився на землі, на протязі семи років спіткатиме неймовірно велике горе. На людство чекатимуть страшні нещастя, які важко описати.

Третя Світова війна і знак звіра

Під час ядерної війни, яка може відбутися (Третьої світової війни) одна третина усіх дерев згорить, і одна третина людства загине. Під час цієї війни буде важко знайти повітря, яким можна дихати, і чисту воду через сильне забруднення. і ціни на продукти харчування і речі першої необхідності швидко виростуть.

Зявиться знак звіра «666», і всім потрібно буде мати його на правій руці або на лобі. Якщо людина відмовиться отримати знак, її особа не буде ідентифікована, і вона не зможе виконувати жодні справи та навіть купувати предмети першої необхідності.

> *І зробить вона, щоб усім малим і великим, багатим і вбогим, вільним і рабам було дано знамено на їхню правицю або на їхні чола, щоб ніхто не міг ані купити, ані продати, якщо він не має знамена ймення звірини, або числа ймення його... Тут мудрість! Хто має розум, нехай порахує число звірини, бо воно число людське. А число її шістсот шістдесят шість* (Об'явлення 13:16-18).

Серед тих, хто залишився після пришестя Ісуса і взяття Його живим на небо, є люди, котрі чули Євангеліє або відвідували церкву і тепер пам'ятають Слово Боже.

Є також ті, які навмисно зреклися своєї віри, а також ті, які вважали, що вірять у Бога, але все-таки залишилися позаду. Якщо би ці люди щиро повірили Біблії, вони б жили безгрішним життям у Христі.

Замість цього вони завжди були літеплими і говорили собі: «Я дізнаюся про існування небес та пекла тільки після своєї смерті», а отже не мали віри, необхідної для спасіння.

Покарання для людей, які отримали знак звіра

Ці люди зрозуміють, що кожне слово в Біблії – істина, тільки коли стануть свідками взяття живими на небо. Вони горюють і гірко ридають. Охоплені великим страхом, вони каються в тому, що не жили відповідно до волі Бога, і відчайдушно шукають шлях спасіння. Крім того, знаючи, що отримання знаку звіра приведе їх лише до пекла, вони роблять все можливе, щоби уникнути цього знака. Навіть таким чином вони намагатимуться довести свою віру.

> *А інший, третій Ангол летів услід за ним, гучним голосом кажучи: Коли хто вклоняється звірині та образу її, і приймає знамено на чолі своїм чи на руці своїй, то той питиме з вина Божого гніву, вина незмішаного в чаші гніву Його, і буде мучений в огні й сірці перед Анголами святими та перед Агнцем. А дим їхніх мук підійматиметься вічні віки. І не мають спокою день і ніч усі ті, хто вклоняється звірині та образу її, і приймає знамено ймення його. Тут терпеливість святих, що додержують заповіді Божі та Ісусову віру!* (Об'явлення 14:9-12)

Однак нелегко відмовитися від знака звіра особливо у світі, де правлять злі духи. Однак злі духи також знають, що ці люди отримають спасіння, коли відмовляться від знака 666 і помруть мученицькою смертю. Тож злі духи просто не здаються.

Два тисячоліття тому, у часи ранньої християнської церкви органи влади переслідували християн, розтинаючи їх на хресті, відтинаючи голови або кидаючи їх на здобич левам. Подібно до того, як людей переслідували і вбивали у минулому, незчисленна кількість людей отримають швидку смерть під час семи років великого горя. Однак злі духи під час семирічного періоду ще більше ускладнять ці роки для людей, що не отримали спасіння. Злі духи змушуватимуть людей зректися Ісуса будь-яким чином, мобілізувавши всі свої можливості проти людей. Це не означає, що люди можуть кінчати життя самогубством, щоби уникнути катування, тому що самогубство завжди приводить тільки у пекло.

Люди, які стануть мучениками

Я вже розповідав про жорстокі методи катування, які використовують злі духи. Під час великого горя методи катування, які навіть страшно уявити, будуть вільно використовуватися. До того ж, через те, що катування майже неможливо витерпіти, лише невелика кількість людей дійсно отримають спасіння у цей період.

Тому всі ми повинні бути духовно пильними, щоби отримати таку віру, яка схопить нас на повітрі у час пришестя Христа.

Коли я молився, Бог показав мені видіння, де люди, які залишилися позаду після взяття живими на небо, отримували різноманітні катування. Я бачив, що більшість людей не могли витерпіти їх і наприкінці піддавалися злим духам.

Катування може бути різним: від зчищення шкіри до

розбивання суглобів, відрубування пальців рук і ніг, а також виливання на них розжареної олії. Деякі люди, які можуть витримати такі катування на собі, не можуть вистояти, бачачи страждання своїх літніх батьків або маленьких дітей, і вони також вмирають від знаку 666.

Однак є невелика кількість праведних людей, які долають всі спокуси і катування. Такі люди отримують спасіння. Незважаючи на те, що вони отримують ганебне спасіння, вони потрапляють до раю, що знаходиться на небесах. Вони дуже вдячні і раді, що не потрапили до пекла.

Ось чому ми зобов'язані розповсюджувати звістку про пекло по всьому світові. Навіть якщо здається, що люди зараз не звертають уваги, якщо вони пам'ятатимуть це у часи великого горя, це вистилатиме їм шлях для спасіння.

Деякі люди говорять, що помруть мученицькою смертю для того, щоби отримати спасіння, якщо насправді відбудеться взяття живими на небо, а вони залишаться позаду.

Однак якщо вони у мирні часи не мають віри, як вони можуть захистити свою віру під час жорстоких катувань? Ми також не можемо передбачити, що станеться з нами через десять хвилин. Якщо вони помруть до того, як отримають можливість померти мученицькою смертю, їх чекатиме тільки пекло.

Мучеництво під час великого горя

Для того, щоби допомогти вам краще зрозуміти катування великого горя і дозволити вам залишатися духовно пильними, щоби ви могли уникнути його, дозвольте навести приклад однієї душі.

Оскільки жінка, про яку піде мова, отримала Божу милість, що переливається через край, вона могла бачити величне, славне та навіть таємне про Бога. Однак її серце було сповнене гріхом, її віра була малою.

З такими дарами від Бога вона виконувала важливі обов'язки, грала вирішальну роль у поширенні Царства Божого і часто радувала Бога своїми справами. Людям легко припустити: «Такі люди, які виконують важливі обов'язки у церкві, напевно мають велику віру!»

Однак це не обов'язково правда. З точки зору Бога існує незчисленна кількість віруючих, чия віра може характеризуватися як «велика». Бог вимірює не плотську, але духовну віру.

Бог бажає, щоби ми мали духовну віру

Дозвольте коротко дослідити «духовну віру» на прикладі визволення Ізраїльського народу з Єгипту. Народ Ізраїлю був свідком десяти кар Божих. Люди бачили, як розступилася вода Червоного моря і розділилася на дві половини, і фараон зі своєю армією потонув там. Люди відчули Боже керівництво, коли вдень їх супроводжував стовп хмари, і стовп вогню вночі. Кожен день вони їли манну з небес, чули голос Бога, Який сидів на хмарах, бачили Його дію вогню. Вони пили воду, здобуту зі скелі, після того як Мойсей вдарив по ній, бачили, як гірка вода при Марі перетворилася на солодку. Незважаючи на те, що вони постійно ставали свідками справ і знамень існування живого Бога, їхня віра не радувала та не була приємною для Бога. Отже вони не могли увійти у землю ханаанеянина, що обіцяна була Богом (Книга Числа 20:12).

З одного боку віра людей, яка не мала дії, незалежно від того наскільки вони знали Боже Слово, бачили і чули Його справи і чудеса, – не істинна віра. З іншого боку, якщо нам була дана духовна віра, ми будемо продовжувати вивчати Слово Боже; ми станемо покірними Слову, обріжемо свої серця і ухилятимемось від будь-якого зла. Наша «велика» або «мала» віра залежить від того, наскільки ми покірні Слову Божому, наскільки ми поводимо себе і живемо за ним, наскільки ми схожі на Бога.

Часта непокора від самовпевненості

З цієї точки зору віра тієї жінки була малою. Якийсь час вона намагалася обрізати своє серце, але не могла повністю відмовитися від гріха. Крім того, через те, що вона була проповідницею Слова Божого, вона стала ще більш самовпевненою.

Жінка думала, що має істинну і велику віру. Вона навіть вважала, що Божа воля не виповниться без її присутності або допомоги. До того ж, замість того, щоби віддавати славу Богу за Богом дані дари, вона бажала здобути славу своїми силами. Крім того, вона використовувала Божу власність для того, щоби задовольнити бажання своєї гріховної природи.

Жінка постійно продовжувала проявляти непокору. Навіть якщо вона знала, що то була Божа воля, щоби вона поїхала на схід, вона їхала на захід. Так само, як Бог покинув Саула, першого царя Ізраїльського народу, через його непокору (1 Книга Самуїлова 15:22-23), хоча народ одного разу було використано у якості Божого інструменту для виконання і поширення Царства Божого, постійна непокора завжди тільки підбурюватиме Бога відвернути Своє лице від них.

Через те, що жінка знала Слово, вона бачила свої гріхи і постійно каялася. Однак її молитва каяття була лише на словах, але не виходила із серця. Вона постійно повторювала одні і ті самі гріхи, таким чином збільшуючи стіну гріха між собою і Богом.

У 2 Посланні Петра 2:22 написано: *«Бо їм трапилося за правдивою приказкою: «Вертається пес до своєї блювотини», та «Помита свиня йде валятися в калюжу».* Після каяття у своїх гріхах вона чинила такі самі гріхи.

Зрештою, коли жінка опинилася у полоні власної гордині, пожадливості і безлічі інших гріхів, Бог відвернув Своє лице від неї, і вона зрештою стала інструментом сатани у своєму протистоянні Богові.

Коли надається остання можливість покаятися

Здебільшого ті, хто перешкоджає Святому Духові або зневажає Його, не отримують прощення. Вони більше ніколи не отримають можливості покаятися, і проведуть вічність у Нижньому шеолі.

Однак історія цієї жінки дещо інша. Не дивлячись на всі гріхи і зло, яке постійно засмучувало Бога, Він все-таки залишив одну останню можливість для її покаяння. Це тому що ця жінка була колись цінним інструментом в руках Бога для Божого Царства. Незважаючи на те, що жінка покинула свій обов'язок і порушила обітницю небесої слави і нагород, через те, що вона дуже радувала Бога, Він дав їй один останній шанс.

Вона все ще протистоїть Богу, і Святий Дух, який живе в ній, згасає. Однак через особливу милість Бога ця жінка має одну останню можливість покаятися і отримати спасіння під час великого горя через мучеництво.

Її думки все ще заходяться у капкані сатани, але після взяття живими на небо вона повернеться до здорового глузду. Через те, що вона дуже добре знає Слово Боже, вона також добре знає, що чекає її попереду. Після того, як вона зрозуміє, що єдиний спосіб отримати спасіння – це мучеництво, вона покається, збере навкруг себе християн, які залишилися позаду, буде проводити богослужіння, прославляти Бога, молитися разом з ними, готуючи себе до мучеництва.

Мученицька смерть і ганебне спасіння

Коли прийде час, ця жінка відмовиться отримувати знак 666 і згодом отримає катування від тих, хто працює під керівництвом сатани. Вони зчищатимуть шкіру з тіла жінки шар за шаром. Навіть випалюватимуть вогнем найм'якіші та найінтимніші місця її тіла. Вони вигадуватимуть метод катування для неї, щоби воно було якомога болючішим і довшим. Скоро кімната наповниться запахом припеченої плоті. Її тіло стікатиме кров'ю від голови до п'ят, голова схилиться вперед, обличчя стане темно-синього кольору, як у мерців.

Якщо вона може витерпіти це катування до кінця, не дивлячись на її незчисленні гріхи минулого, вона отримає хіба що ганебне спасіння і потрапить до раю. У раю, який знаходиться на околиці небес, найдальшому місці від престолу Божого, жінка кричатиме і плакатиме від того, що так погано поводила себе. Звичайно, вона буде вдячна і радітиме, коли отримає спасіння. Однак згодом вона розкається і сильно бажатиме потрапити до Нового Єрусалиму. Вона промовлятиме: «Якщо би я протистояла гріху і щиро виконувала Божий обов'язок, я би зараз була у найславетнішому місці, у Новому Єрусалимі...» Коли вона бачитиме людей, знайомих їй за життя, у Новому Єрусалимі, вона завжди відчуватиме сором і збентеження.

Якщо жінка отримає знак 666

Якщо ця жінка не витерпить катування і отримає знак

звіра до приходу тисячолітнього царства, вона потрапить до Нижнього шеолу і отримає покарання через розп'яття на хресті по праву руку від Юди Іскаріотського. Її покарання у Нижньому шеолі – це продовження катувань, які вона зазнавала під час великого горя. На протязі тисячі років шкіра її тіла буде зчищуватись і постійно припікатися вогнем.

Посланці пекла і всі ті, хто чинив гріх, наслідуючи цю жінку, катуватимуть її. Вони також отримають покарання відповідно до своїх гріховних справ, і виллють на неї свій біль і гнів.

Таким чином вони отримають покарання у Нижньому шеолі до кінця тисячолітнього царства. Після судного дня ці душі потраплять до пекла, де вирує вогонь і бурлить сірка, де на них чекають суворіші покарання.

Друге пришестя Христа і тисячолітнє царство

Як вже говорилося раніше, Ісус Христос повернеться на повітрі. І ті, хто буде схоплений на небо, будуть насолоджуватися сімома роками весілля з Богом, поки відбуватиметься період великого горя за допомогою злих духів, котрі були вигнані з повітря.

Тоді Ісус Христос прийде на землю, і настане тисячолітнє царство. У цей час злі духи будуть ув'язнені у безодні. Ті, хто був присутнім на семирічному весільному святі, а також ті, хто помер мученицької смертю під час велкого горя, правлять світом, поділяючи свою любов з Ісусом Христом на протязі тисячі років.

> *Блаженний і святий, хто має частку в першому воскресінні! Над ними друга смерть не матиме влади, але вони будуть священниками Бога й Христа, і царюватимуть з Ним тисячу років* (Об'явлення 20:6).

Невелика кількість плотських людей, котрі пережили велике горе, також будуть жити на землі під час тисячолітнього царства. Однак ті, хто вже помер, так і не отримавши спасіння, продовжуватиме отримувати покарання у Нижньому шеолі.

Тисячолітнє царство

Коли настане тисячолітнє царство, люди насолоджуватимуться мирним життям, схожим на життя в еденському раю, бо не буде злого духу. Ісус Христос і люди, які отримали спасіння, живуть у місті, схожому на королівський замок, відділений від людей плоті. Духовні люди живуть у місті, а люди плоті, котрі пережили велике горе, живуть за межами міста.

Перед тисячолітнім царством Ісус Христос очистить землю. Він очистить забруднене повітря, відновить дерева, рослини, гори і потоки вод. Він створить прекрасне навколишнє середовище.

Плотські люди стараються народжувати якомога частіше, тому що їх залишилося дуже мало. Чисте повітря і відсутність злого духу не залишають місця для хвороб і гріха. Нечестивість і гріх у серці плотських людей у цей період не виявляється, бо злі духи, які розливають гріх, ув'язнені у безодні.

Як у часи до Ноя, люди житимуть сотні років. Земля скоро наповниться незліченною кількістю людей. Люди не їстимуть м'яса, вживатимуть фрукти, бо тоді зовсім не буде знищуватись життя живих істот.

Крім того, знадобиться дуже багато часу, щоби вони досягли рівня сучасного наукового прогресу, тому що більшість цивілізації буде знищено війнами під час великого горя. З плином часу рівень їхньої цивілізації може досягти сучасного, оскільки люди стануть мудрішими і обізнанішими.

Духовні і плотські люди живуть разом

Духовним людям, які живуть з Ісусом Христом на землі, не обов'язково вживати їжу, як це роблять плотські люди, тому що тіла цих людей вже змінилися, вони воскресли і стали духовними тілами. Вони звичайно живляться ароматами квітів і подібною їжею, але якщо забажають, вони можуть мати таку саму їжу, як плотські люди. Однак духовні люди не радіють фізичній їжі, і навіть коли вони їдять таку, вони не спорожнюють свій шлунок, як це роблять плотські люди. Так само, як воскреслий Христос дихав після того, як з'їв шматочок риби, їжа, яку вживають духовні люди, розчиняється у повітрі, виходячи через подих.

Духовні люди також проповідують і свідчать про Ісуса Христа плотським людям, щоби наприкінці тисячолітнього царства, коли злі духи на короткий проміжок часу звільняться з безодні, плотські люди не спокусилися. Це час перед судним днем, тож Бог не ув'язнює злих духів надовго у безодні, але тільки на тисячу років (Об'явлення 20:3).

Наприкінці тисячолітнього царства

Коли закінчиться тисячолітнє царство, злі духи, котрі були ув'язнені у безодні на протязі тисячі років, звільняються на короткий час. Вони починають спокушати і обманювати плотських людей, які мирно жили до того часу. Більшість людей спокушається і обманюється незалежно від того, як вчили їх духовні люди. Незважаючи на те, що духовні люди отримали детальне попередження про наступні події, плотські люди все-таки спокушаються і збираються протистояти і розгортати війну проти духовних людей.

> *Коли ж скінчиться тисяча років, сатана буде випущений із в'язниці своєї. І вийде він зводити народи, що вони на чотирьох краях землі, Ґоґа й Маґоґа, щоб зібрати їх до бою, а число їхнє – як морський пісок. І вийшли вони на ширину землі, і*

оточили табір святих та улюблене місто. І зійшов огонь з неба, – і пожер їх (Об'явлення 20:7-9).

Однак Бог знищить вогнем плотських людей, котрі розпочали війну, і викине злих духів, котрі на короткий час були знову поміщені у безодню після суду великого білого престолу.

Зрештою плотські люди, котрі розплодилися під час тисячолітнього царства, також будуть засуджені за справедливістю Божою. З одного боку всі люди, котрі не отримали спасіння, серед яких є ті, котрі вижили під час семирічного великого горя, потраплять до пекла. З іншого боку ті, хто отримав спасіння, увійдуть до небес і за вірою житимуть у різних місцях на небесах, наприклад, у Новому Єрусалимі, раю, та інших місцях.

Після суду великого білого престолу духовний світ розділиться на небеса і пекло. Про це я розповім далі у цьому розділі.

Приготування для того, щоби стати прекрасною нареченою Господа

Для того, щоби не залишитися позаду у період великого горя, ви повинні приготуватися, як прекрасна наречена Ісуса Христа, і вітати Його під час Його пришестя.

В Євангелії від Матвія 25:1-13 записана притча про десять дів. Вона служить великим уроком для всіх віруючих.

Навіть якщо ви можете сповідати свою віру в Бога, ви не зможете привітати свого нареченого Ісуса Христа, якщо ви не маєте достатньо оливи, приготованої спеціально для вашого каганця. П'ять дів приготували свою оливу, отже вони могли привітати свого нареченого і потрапити на весілля. Інші п'ять дів не приготували оливи, тож не могли приєднатися до весілля.

Тож яким чином ми самі можемо приготуватися як п'ять мудрих дів, щоби стати нареченою Господа, уникнути великого горя, але натомість взяти участь у весіллі?

Палко молитися і пильнувати

Навіть якщо ви повірили у Бога нещодавно, і маєте ще слабку віру, якщо ви будете старатися, щоби обрізати своє серце, Бог збереже вас навіть посеред вогняних випробувань. Незалежно від важкості обставин Бог загорне вас ковдрою життя і допоможе з легкістю здолати будь-які випробування.

Однак Бог не може захистити навіть тих людей, які, можливо, протягом довгого періоду часу були віруючими людьми, виконували Богом дані обов'язки і добре знали Слово Боже, але припинили молитися, вже не бажають очиститися і припинили обрізати свої серця.

Коли ви зустрічаєтеся з труднощами, ви повинні чути голос Святого Духа, щоби здолати їх. Однак якщо ви не молитеся, як ви можете чути голос Святого Духа і жити переможним життям? Оскільки ви не сповнені повністю

Святим Духом, ви більше покладаєтеся на власні думки і час від часу спотикаєтеся, бо вас спокушає сатана.

Крім того, зараз, коли ми наближаємося до кінця сторіччя, злі духи бродять навкруги як рикаючі леви, шукаючи, кого можна знищити, бо вони знають, що їхній час також близько. Ми часто бачимо лінивого студента, котрий зубрить предмет і не спить декілька днів, готуючись до іспитів. Подібно до цього, якщо ви – віруюча людина, яка знає, що ми живемо в останні дні, ви повинні пильнувати і готувати себе, як прекрасна наречена Господа.

Відмовтесь від гріха і будьте схожими на Господа

Які люди залишаються пильними? Вони завжди моляться, завжди сповнюються Святим Духом, вірять у Слово Боже і живуть у відповідності до Його Слова.

Якщо ви весь час залишаєтесь напоготові, ви завжди будете мати спілкування з Богом, тож вас не спокушатимуть злі духи. До того ж, ви можете легко долати будь-які випробування, бо Святий Дух розповідає вам про те, що має відбутися у майбутньому, веде вас і дозволяє чітко зрозуміти Слово істини.

Однак ті, хто не пильнує, не може чути голос Святого Духа, тож їх легко може спокусити сатана, і вони повернуть на шлях смерті. Пильнування полягає в обрізанні серця, добрій поведінці та житті відповідно до Слова Божого, а також в освяченні.

У Книзі Об'явлення 22:14 написано: *«Блаженні, хто*

випере шати свої, щоб мати право на дерево життя, і ввійти брамами в місто!» Тут «шати» означають формальне вбрання. Духовно «шати» означають ваше серце і вашу поведінку. «Випрати шати» означає видалити гріх і наслідувати Слово Боже, щоби стати духовними і все більше і більше ставати схожими на Ісуса Христа. Ті, хто освятився таким чином, заробляють право увійти брамами до небес і насолоджуватися вічним життям.

Люди, які перуть свої шати у вірі

Яким чином ви можете старанно випрати свої речі? Спочатку потрібно обрізати своє серце Словом істини і палкою молитвою. Інакше кажучи, ви повинні відкинути будь-яку неправду і гріх зі свого серця, сповнивши його лише істиною. Саме так, як ви змиваєте бруд зі свого одягу чистою водою, ви повинні змити брудні гріхи, беззаконня і зло зі свого серця за допомогою Слова Божого, живої води, і одягнути шати істини, щоби бути схожими на Ісуса Христа. Бог благословить всіх, хто явив дійсну віру і обрізав своє серце.

У Книзі Об'явлення 3:5 написано: *«Переможець зодягнеться в білу одежу, а ймення його Я не змию із книги життя, і ймення його визнаю перед Отцем Своїм і перед Його Анголами».* Люди, які долають світ із вірою і ходять в істині, насолоджуватимуться вічним життям на небесах, тому що вони матимуть серце, сповнене істини, і жодне зло не можна буде знайти в них.

І навпаки, люди, які живуть у темряві, не мають нічого спільного з Богом, незалежно від того, наскільки довго вони були християнами, тому що вони напевне мають ім'я, ніби живі, але мертві (Об'явлення 3:1). Тому завжди покладайте свою надію тільки на Бога, Котрий не судить нас за нашою зовнішністю, але досліджує наші серця і справи. Також завжди моліться і будьте покірними Слову Божому, щоби ви дістали досконале спасіння.

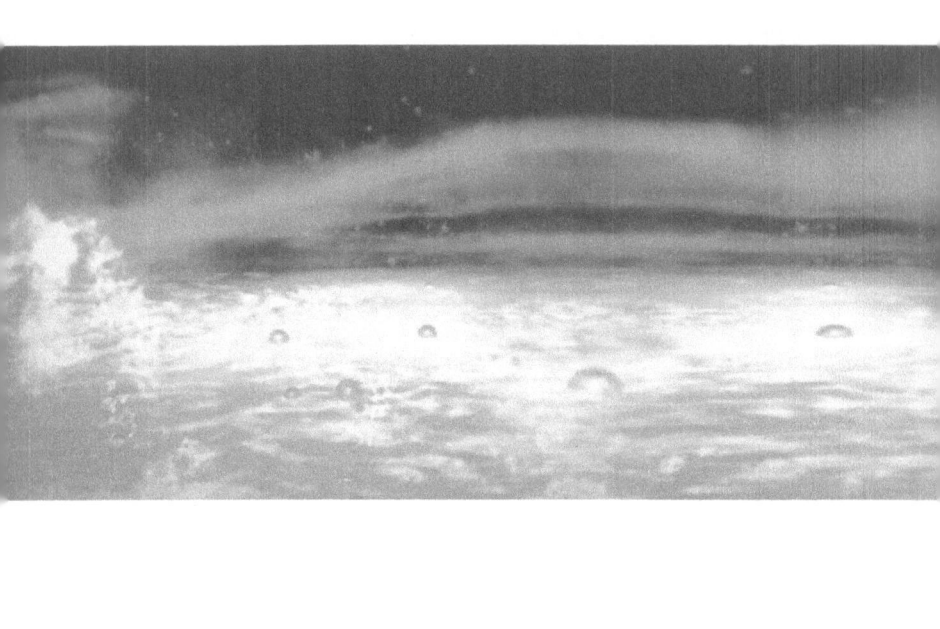

Розділ 8

Покарання у пеклі після великого суду

Душі, які не отримали спасіння, після суду потрапляють у пекло

Вогняне озеро і озеро, що горить сіркою

Дехто залишається у Нижньому шеолі навіть після суду

Злі духи мають бути ув'язненими у безодні

Де закінчать своє існування демони?

де їхній черв'як не вмирає, і не гасне огонь!
Бо посолиться кожен огнем,
і кожна жертва посолиться сіллю.
- Від Марка 9:48-49 -

А диявол, що зводив їх,
був укинений в озеро огняне та сірчане,
де звірина й пророк неправдивий.
І мучені будуть вони день і ніч на вічні віки.
- Об'явлення 20:10 -

З пришестям Ісуса Христа на цій землі почнеться тисячолітнє царство, і після цього буде суд великого білого престолу. Суд, на якому вирішуватиметься: небеса або пекло, а також нагороди або покарання, буде всіх судити відповідно до справ кожного у цьому житті. Отже деякі люди насолоджуватимуться вічним щастям на небесах, а інші матимуть вічне покарання у пеклі. Дозвольте заглибитися у розповідь про суд великого білого престолу, на якому визначатиметься перебування людини на небесах або у пеклі, а також про пекло.

Душі, які не отримали спасіння, після суду потрапляють у пекло

У липні 1982 року, коли я молився, готуючись до початку свого служіння, я детально дізнався про суд великого білого престолу. Бог показав мені місце, де Він сидів на своєму престолі. Господь Ісус Христос і Мойсей стоять перед престолом, а також ті, хто грає роль присяжних. Незважаючи на те, що Бог судить з точністю і справедливістю, яку неможливо порівняти з будь-яким суддею у світі, Він виноситиме судове рішення з любов'ю разом з Ісусом Христом, Котрий виступатиме у ролі адвоката, з Мойсеєм, котрий виступатиме у якості обвинувачувача Закону, і людей у якості присяжних.

Пекло

Покарання пекла вирішуються на суді

У Книзі Об'явлення 20:11-15 розповідається про те, як Бог судить точно і справедливо. Суд проходить за наявності Книги Життя, де записані імена спасенних та всі справи людей.

> *І я бачив престола великого білого, і Того, Хто на ньому сидів, що від лиця Його втекла земля й небо, і місця для них не знайшлося. І бачив я мертвих малих і великих, що стояли перед Богом. І розгорнулися книги, і розгорнулась інша книга, то книга життя. І суджено мертвих, як написано в книгах, за вчинками їхніми. І дало море мертвих, що в ньому, і смерть і ад дали мертвих, що в них, і суджено їх згідно з їхніми вчинками. Смерть же та ад були вкинені в озеро огняне. Це друга смерть, озеро огняне. А хто не знайшовся написаний в книзі життя, той укинений буде в озеро огняне...*

«Мертві» тут означають всіх тих, хто не прийняв Христа як свого Спасителя, або мав мертву віру. Коли прийде час прийняття рішення, «мертві» воскреснуть і постануть для суду перед престолом Бога. Книга Життя відкрита, вона знаходиться перед престолом Бога.

Окрім Книги Життя, де записані імена всіх спасенних людей, є інші книги, де записані всі справи померлих людей.

Ангели записують все, що ми робимо, що говоримо і думаємо, наприклад, прокляття інших, побиття, розлючення, добрі справи, та інше. Саме так як ви можете зберігати яскраві записи особливих подій і розмов на протязі довгого часу за допомогою відеокамери чи інших видів записуючих засобів, Всемогутній Бог також зберігає кожен момент нашого життя на землі.

Отже Бог судитиме справедливо у судний день відповідно до записів цих книг. Люди, які не отримали спасіння, судитимуться відповідно до їхніх злодіянь, і вони отримають у пеклі різні види вічних покарань відповідно до суворості скоєних злодіянь.

Огняне озеро або озеро, що горить сіркою

Слова «і дало море мертвих, що в ньому» не означають те, що море викидає тих, хто потонув у ньому. Тут «море» у духовному сенсі означає світ. Це означає, що ті, хто жив у цьому світі, перетворився на порох земний, воскреснуть, щоби постати перед Богом на суді.

Тоді що означають слова: «Смерть і ад дали мертвих, що в них»? Це означає, що ті, хто страждав у Нижньому шеолі, також воскреснуть і постануть перед Богом на суд. Після Божого суду більшість тих, хто страждав у Нижньому шеолі, будуть вкинені в озеро огняне або озеро, що горить сіркою в залежності від суворості скоєних гріхів, тому що, як було зазначено вище, покарання Нижнього шеолу завдаються до початку суду великого білого престолу.

А лякливим, і невірним, і мерзким, і душогубам, і розпусникам, і чарівникам, і ідолянам, і всім неправдомовцям, їхня частина в озері, що горить огнем та сіркою, а це друга смерть! (Об'явлення 21:8)

Покарання у вогняному озері неможливо порівняти із покараннями у Нижньму шеолі. Про це записано в Євангелії від Марка 9:47-49: *«Коли твоє око тебе спокушає, вибери його: краще тобі однооким ввійти в Царство Боже, ніж з обома очима бути вкиненому до геєнни огненної, де їхній червяк не вмирає, і не гасне огонь! Бо посолиться кожен огнем, і кожна жертва посолиться сіллю»*. Крім того, озеро, що горить сіркою, у сім разів гарячіше, ніж вогняне озеро.

До суду людей роздирають комахи і дикі звірі, мучають посланці пекла, або вони страждають від різноманітних покарань у Нижньому шеолі, місці очікування по дорозі у пекло. Після суду залишиться лише біль від вогняного озера і озера, що горить сіркою.

Нестерпний біль у вогняному озері і озері, що горить сіркою

Коли я розповідав про ці страшні видовища Нижнього шеолу, багато членів моєї церкви не могли стримувати сліз, або навіть здригалися і стогнали, думаючи про людей, які знаходяться у такому жахливому місці. Однак страждання від покарань у вогняному озері, або в озері, що горить сіркою, суворіші за будь-яке покарання у Нижньому шеолі. Чи можете ви хоч трохи уявити собі масштаби катувань? Навіть якщо ми намагатимемося, ми не зможемо всього осягнути, бо ми ще плотські і не можемо зрозуміти всі духовні питання.

Подібно до цього, як ми можемо повністю зрозуміти славу і красу небес? Само по собі слово «вічність» нам незнайоме, і ми змушені лише здогадуватися. Навіть якщо ми намагатимемось уявити життя на небесах, засноване на «радості», «щасті», «захопленні» та «красі» і подібних поняттях, все це неможливо буде порівняти з дійсним життям на небесах. Коли ви потрапите на небеса, побачите все своїми очима і відчуєте життя, ви розкриєте рота від здивування і не зможете вимовити ані слова. Більш того, доки ми дійсно не відчуємо катування пекла, ми ніколи не зможемо повністю збагнути розмір і кількість страждань, що знаходяться за межами цього світу.

Люди, які потрапляють у вогняне озеро, або озеро, що горить сіркою

Навіть якщо я робитиму все можливе, будь ласка, запам'ятайте, що пекло – це таке місце, яке неможливо адекватно описати словами нашого світу, і навіть якщо я докладу всі свої здібності, щоби описати його, моє описання буде відповідати жахливій дійсності пекла менш ніж на одну мільйонну частину. Крім того, тривалість катування немає меж, але відбуватиметься вічно, засуджені душі будуть змушені страждати ще більше.

Після суду великого білого престолу люди, які отримали перший та другий ступінь покарання у Нижньому шеолі, будуть вкинені в огняне озеро. Ті, хто отримав третій і четвертий рівні покарання, будуть вкинені в озеро, що горить сіркою. Душі, які саме зараз знаходяться у Нижньому шеолі, знають, що відбудеться суд. Їм також відомо, куди вони потраплять після суду. Навіть тоді, коли людей рвуть на шматки комахи і посланці пекла, ці душі можуть здалеку бачити у пеклі вогняне озеро і озеро, що горить сіркою, тож вони добре знають, що вони будуть покарані там.

Таким чином, душі у Нижньому шеолі страждають не тільки від болі, але також від психологічного катування, маючи страх перед тим, що відбудеться після суду.

Крик душі, яка перебуває у Нижньому шеолі

Коли я молився про откровення про пекло, Бог через Духа Святого дозволив мені почути крик душі, яка перебуває у Нижньому шеолі. Читаючи слова цієї душі, записані мною, спробуйте хоч трохи відчути страх і відчай, які поглинають цю душу.

Чи схоже те, що я бачу, на людину?
Я так не виглядав, коли жив на землі.
Мій зовнішній вигляд жахливий і огидний!

Чи можна звільнитися від
Цього нескінченного болю і відчаю?
Що мені робити, щоби уникнути цього?
Чи можу я померти? Що мені робити?
Чи можу я хоч трохи перепочити
Під час вічного покарання?
Чи існує якийсь спосіб, щоби увірвати це прокляте життя
І припинити цей нестерпний біль?

Я поранив своє тіло, щоби вбити себе, але я не можу померти.
Немає кінця... Зовсім немає кінця...
Катування душі незкінченні.
Моєму життю немає кінця.
Чи можливо описати це словами?
Скоро мене вкинуть
У широке бездонне вогняне озеро.
Як я можу це пережити?

Неможливо винести катування!
Те страшенне вогняне озеро
Таке жахливе, глибоке і гаряче.
Як я можу пережити це?
Як я можу втекти звідси?
Чи можливо мені уникнути цього катування?

Якби я міг жити...
Якби була можливість для мене жити...

Пекло

Якби я врятувався...
Я хоча б почав шукати вихід,
Але я не бачу його.

Тут тільки темрява, розпач і біль,
Крах і тяжкі випробування.
Як я можу витерпіти це катування?
Тільки якщо би Він відкрив двері життя...
Тільки якби я міг бачити вихід із цього положення...

Будь ласка, врятуй мене. Будь ласка, врятуй мене!
Це жахливо, мені важко все це витримати.
Будь ласка, врятуй мене. Будь ласка, врятуй мене!
Моє життя до сьогодні було нестерпним і тяжким.
Як я піду у те огняне озеро?
Будь ласка, врятуй мене!
Будь ласка, подивись на мене!
Будь ласка, врятуй мене!
Будь ласка, змилуйся наді мною!
Будь ласка, врятуй мене!
Будь ласка, врятуй мене!

Коли ви потрапили до Нижнього шеолу

Після того, як скінчиться життя на землі, жодній людині не буде даний «другий шанс». За кожну справу на вас очікує лише покарання.

Коли люди чують про існування небес і пекла, деякі

говорять: «Я дізнаюся про це після смерті». Однак коли ви помрете, буде запізно. Після смерті немає вороття. Ви маєте це знати напевно ще до смерті.

Коли вас вже вкинули до Нижнього шеолу, немає значення, наскільки ви шкодуєте, розкаєтесь і благаєте Бога, ви не зможете уникнути неминучих і жахливих покарань. Немає надії на майбутнє, тільки нескінченні тортури і розпач.

Душа, яка плаче, дуже добре знає, що немає можливості отримати спасіння. Проте душа плаче, благаючи Бога «про всяк випадок». Душа благає милості і спасіння. Цей крик душі перетворюється на пронизливий крик, і вереск кружляє у просторі пекла і зникає. Звичайно, відповіді немає.

Однак каяття людей у Нижньому шеолі нещирі та нечесні, незважаючи на те, що їхні каяття здаються дуже жалібними. Оскільки в їх серцях все ще залишається злісність, і вони знають, що їхні вищання марні, з їхніх душ виходить більше зла і проклять на Бога. Це явно показує нам, чому ці особи не змогли увійти у небеса.

Вогняне озеро і озеро, що горить сіркою

У Нижньому шеолі душі можуть у крайньому випадку плакати, благати і дорікати, запитуючи себе: «Чому я тут?» Вони також бояться вогняного озера і обдумують шляхи уникнення катування, думаючи так: «Як я можу втекти від посланця пекла?»

Однак відколи душі потрапили у вогняне озеро, вони вже не можуть думати ні про що інше через нестерпний, нескінченний біль. Покарання у Нижньому шеолі були відносно легкими у порівнянні з покараннями у вогняному озері. Покарання у вогняному озері неймовірно тяжкі. Біль такий сильний, що ми не можемо зрозуміти або навіть уявити його за допомогою своїх обмежених можливостей.

Якщо ви хочете уявити хоча б трохи ці катування, посипте сіллю розпечену сковороду. Ви побачите, як сіль підстрибує, вистрілюючи. Це схоже на події, що відбуваються у вогняному озері: душі там схожі на стрибаючу сіль.

Також уявіть себе у басейні з киплячою водою, де температура сягає 100°C. Вогняне озеро набагато гарячіше, ніж кипляча вода, а озеро, що горить сіркою, у сім разів гарячіше, ніж вогняне озеро. Коли вас вкинуть туди, вже не буде можливості врятуватися, і ви будете вічно страждати. Перший, другий, третій і четвертий ступені покарання у Нижньому шеолі, які відбуваються перед судом, винести набагато легше.

Тоді чому Бог дозволяє душам страждати у Нижньому шеолі на протязі тисячі років перед тим, як вкинути їх у вогняне озеро, або в озеро, що горить сіркою? Люди, які не отримали спасіння, покажуть себе. Бог бажає, щоби вони зрозуміли, з яких причин вони були приречені до такого поганого місця, яким є пекло, і повністю покаялися у гріхах минулого. Однак надто важко знайти людей, котрі забажають покаятися, бо з них виходить більше зла, ніж раніше. Тепер ми знаємо, для чого Богові необхідно було створити пекло.

Посолені вогнем у вогняному озері

Коли я молився у 1982 році, Бог показав мені, що відбувається на суді великого білого престолу, і стисло – вогняне озеро та озеро, що горить сіркою. Ці два озера були дуже великими.

Здалеку душі у цих двох озерах були схожі на людей у гарячих джерелах. Деякі люди були занурені по груди, а інші – по шию, так що на поверхні виднілася лише голова.

В Євангелії від Марка 9:48-49 Ісус розповідає про пекло як про місце, де *«їхній червяк не вмирає, і не гасне огонь. Бо посолиться кожен огнем, і кожна жертва посолиться сіллю»*. Чи можете ви уявити собі біль у такому страшному середовищі? Коли ці душі намагаються втекти, все що їм вдається, – це стрибати як розжарена сіль і скреготати зубами.

Інколи люди у цьому світі стрибають, коли грають або танцюють пізно ввечері у клубах. Через деякий час вони стомлюються і відпочивають, якщо забажають. Проте у пеклі душі стрибають не від задоволення, але від нестерпного болю і, звичайно, не відпочивають, навіть якщо сильно цього бажають. Вони так голосно верещать від болю, що навіть втрачають свідомість. Їхні блискучі очі стають темно-синіми і наливаються кров'ю. Крім того, їхній мозок лопається і рідина виливається назовні.

Незалежно від того, наскільки відчайдушно вони намагаються вийти звідти, їм це не вдається. Вони намагаються відштовхнути і підтоптати один одного, але це марно. Кожен сантиметр вогняного озера, берег котрого неможливо побачити з іншого краю, зберігає таку саму температуру, і температура озера не зменшується навіть з плином часу. До суду великого білого престолу Нижнім шеолом керував Люципер, і всі покарання здійснювалися відповідно до влади і авторитету Люципера.

Однак після суду покарання будуть надаватися Богом і скеровуватися відповідно до Його провидіння і могутності. Таким чином, температура всього озера завжди утримується на тому самому рівні.

Цей вогонь змусить душі страждати, але не вб'є їх. Так само, як відновлюються частини тіла, частини душі теж відновлюються у Нижньому шеолі навіть після того, як їх відрізали або розрізали на частини, тіла душ у пеклі швидко відновлюються після спалення.

Все тіло і органи згорають

Які покарання отримують душі у вогняному озері? Чи бачили ви коли-небудь сюжет у коміксах чи у мультфільмах по телебаченню, де героя вбиває електричним струмом «високої напруги»? В той момент, коли по ньому проходить електричний струм, тіло перетворюється на скелет з темним контуром, що окреслює тіло. Коли герой звільняється від потоку електричного струму, він стає таким, яким був до цього моменту. Або уявіть рентгенограму, на якій видно внутрішні органи людини.

Так само у якийсь момент у вогняному озері видно душі у їхній фізичній формі. Потім їх тіла неможливо побачити, видимими залишаються тільки їхні душі. Так само відбувається і тут. У пекучому вогні тіла душ вмить згорають і зникають, а потім швидко відновлюються.

У цьому світі якщо ви отримаєте опік третього ступеню, ви не зможете витерпіти важкі відчуття, що охоплюють все тіло, і майже втрачаєте розум. Ніхто не може зрозуміти, наскільки сильним є такий біль, доки сам не відчує його. Біль може бути для вас нестерпним навіть якщо ви обпекли лише руки.

Здебільшого відчуття болю не проходять відразу після опіку, але продовжуються декілька днів. Жар полум'я пронизує все тіло, пошкоджує клітини а інколи навіть серце. Тоді наскільки ж болючішим буде, якщо обпекуться всі частини вашого тіла, а також внутрішні органи, а потім відновляться і знову зазнають тяжких опіків?

Душі у вогняному озері не можуть витримати біль, але не можуть втратити свідомість, померти або хоч трохи перепочити.

Озеро, що горить сіркою

Вогняне озеро – це місце покарання для тих, хто вчинив

відносно неважкі гріхи і страждав від першого або другого рівня покарань у Нижньому шеолі. Ті, хто вчинив тяжчі гріхи і страждав від третього та четвертого ступеню покарань у Нижньому шеолі, потраплять до озера, що горить сіркою, яке у сім разів гарячіше, ніж вогняне озеро. Як згадувалося вище, озеро, що горить сіркою, приготоване для тих, хто висловлювався проти, заважав роботі Святого Духа і зневажав Його; для тих, хто розпинав Ісуса Христа; хто зрадив Його; для тих, хто свідомо продовжував грішити; запеклих ідолопоклонників; тих, хто грішив, зганьбивши свою совість; хто заважав Богові своїми злодіяннями. Також воно приготоване для лжепророків і вчителів, які не вчили істині.

Все вогняне озеро сповнене «червоним» вогнем. Озеро, що горить сіркою наповнене більше «жовтим», ніж «червоним» вогнем, завжди кипить і дає бульбашки величиною з гарбуз. Душі у цьому озері повністю занурені у киплячу рідину – сірку, що горить.

Охоплені біллю

Як ви можете пояснити біль, яку отримуєте в озері, що горить сіркою, яке у сім разів гарячіше від вогняного озера, у якому біль також неймовірний?

Дозвольте дати вам пояснення, провівши аналогію із цим світом. Якби комусь потрібно було випити рідину – розплавлене залізо із домни, наскільки болючим то було б? Внутрішні органи відразу згорять, коли через ріт у шлунок потрапить розпечена рідина, яка здатна розплавити навіть залізо.

У вогняному озері душі можуть хоча б пригати або кричати від болю. Однак в озері, що горить сіркою, душі не можуть стогнати або думати про щось, вони повністю охоплені біллю. Ступінь катування і фізичних страждань, які душа має терпіти в озері, що горить сіркою, неможливо пояснити жодними жестами, мімікою чи словами. До того ж душі мають страждати вічно. Тож як таке катування можна описати словами?

Дехто залишається у Нижньому шеолі навіть після суду

Люди, які жили за часів Старого Заповіту і які отримали спасіння, перебували у Верхньому шеолі до воскресіння Ісуса Христа. А після Його воскресіння вони потрапили до раю і чекатимуть у місці очікування до Його Другого пришестя на повітрі. З одного боку люди Нового Заповіту, які отримали спасіння, перебувають у Верхньому шеолі на протязі трьох днів, а потім потрапляють до місця очікування, що у раю, і очікують там доки Ісус Христос вдруге не з'явиться на повітрі.

Однак ненароджені діти, котрі померли в утробі своїх матерів, не потрапляють до раю, ні після воскресіння Ісуса Христа, ані після суду. Вони вічно житимуть у Верхньому шеолі.

Але є виключення для тих, хто саме зараз терпить страждання у Нижньому шеолі. Ці душі не будуть вкинені ні у вогняне озеро, ні в озеро, що горить сіркою, навіть після суду. Хто вони?

Діти, які померли, не досягнувши статевої зрілості

Серед тих, хто не отримав спасіння, є ненароджені діти, які загинули внаслідок абортів у віці шести місяців або у пізнішому терміні вагітності, а також діти, які не досягли статевої зрілості, віком приблизно до дванадцяти років. Ці душі не будуть вкинені у вогняне озеро, або озеро, що горить сіркою. Бо хоча вони потрапили до Нижнього шеолу через свої власні злодіяння, на момент їхньої смерті вони ще не були достатньо дорослими, щоби мати незалежну волю. Це означає, що їхнє життя у вірі не обов'язково було їхнім вибором, тому що вони легко піддаються впливу зі сторони зовнішніх факторів: батьків, дідусів та бабусь, оточення.

Бог любові і справедливості зважає на ці фактори і не вкидає цих дітей у вогняне озеро або озеро, що горить сіркою, навіть після суду. Однак це не означає, що вони уникнуть покарання. Вони отримають вічне покарання, так само, як вони були покарані у Нижньому шеолі.

Бо заплата за гріх – смерть

Окрім цього випадку, всі люди, які знаходяться у Нижньому шеолі, будуть вкинуті у вогняне озеро або озеро, що горить сіркою, в залежності від гріхів, вчинених ними, коли вони зрощувалися на цій землі. У Посланні до Римлян 6:23 написано: *«Бо заплата за гріх – смерть, а дар Божий – вічне життя в Христі Ісусі, Господі нашім!»* Тут «смерть» не означає кінець земного життя, але вічне покарання у вогняному озері, або озері, що горить сіркою. Жахливе та болісне катування вічного покарання – це заплата за гріх, а ви знаєте, що гріх жахливий, огидний і підлий.

Якщо би люди хоч би трохи знали про вічне страждання у пеклі, то вони, звичайно, боялися б потрапити туди. Чому вони не можуть прийняти Ісуса Христа? Чому не коряться Йому і не живуть за Словом Божим?

Ісус промовляв до нас в Євангелії від Марка 9:45-47:

> *Коли нога твоя спокушає тебе, відітни її: краще тобі ввійти до життя одноногим, ніж з обома ногами бути вкиненому до геєнни, до огню невгасимого, де їхній червяк не вмирає, і не гасне огонь. І коли твоє око тебе спокушає, вибери його: краще тобі однооким ввійти в Царство Боже, ніж з обома очима бути вкиненому до геєнни огненної.*

Для вас буде кращим, якщо ви відітнете свою ногу, якщо ви вчиняєте гріхи, пов'язані з походами у місця, які вам не слід відвідувати, ніж потрапити до пекла. Краще відітнути руки, якщо ви чините гріхи, роблячи таке, чого не слід робити, аніж потрапити до пекла. Так само для вас було би краще, аби ви вирвали своє око, якщо ви вчиняєте гріхи, дивлячись те на що вам дивитися не слід.

Однак через милість Божу, даровану нам, нам не треба відрубувати руки та ноги, виривати очі для того, щоби увійти до небес. Це тому що наш чистий та безгрішний Агнець, Господь Ісус Христос, був розп'ятий за нас. Його руки та ноги були простромлені цвяхами, на голові був терновий вінок.

Син Божий прийшов, щоби перемогти диявола

Тому всі, хто вірить у кров Ісуса Христа, отримають прощення, уникнуть покарання у вогняному озері або озері, що горить сіркою, і отримають у нагороду вічне життя.

У 1 Посланні Івана 3:7-9 написано: «*Діточки, хай ніхто вас не зводить! Хто чинить правду, той праведний, як праведний Він! Хто чинить гріх, той від диявола, бо диявол грішить від початку. Тому то з'явився Син Божий, щоб знищити справи диявола. Кожен, хто родився від Бога, не чинить гріха, бо в нім пробуває насіння Його. І не може грішити, бо від Бога народжений він*».

Гріх – це більше, ніж просто вчинок, як, наприклад, крадіжка, вбивство або обман. Зло у серці людини – це серйозний гріх. Бог ненавидить гріх у наших серцях. Він ненавидить лихе серце, котре засуджує і обвинувачує інших, серце, котре ненавидить і спотикається, підступне і зрадливе. Якими були б небеса, якщо би людям із таким серцем було дозволено увійти туди і оселитися там назавжди? Тоді навіть на небесах люди будуть сперечатися, доводячи свою правоту, тож Бог не дозволяє злочинцям потрапляти на небеса.

Тому якщо ви стали дитиною Божою через кров Ісуса Христа, ви не повинні більше бути невірними, не повинні служити дияволу, але жити в істині, як Боже дитя, Який є Світло. Тільки тоді ви зможете отримати всю славу небес, благословення, щоби радіти авторитету, як дитя Боже, і процвітати навіть у цьому світі.

Сповідуючи свою віру, ви не повинні чинити гріхи

Бог так сильно любить нас, що послав Свого улюбленого, невинного і єдиного Сина, щоби Той прийняв смерть за нас на хресті. Чи можете ви уявити собі, як буде плакати Бог, наскільки Він засмутиться, коли побачить, як ті, хто стверджує себе «дітьми Божими», чинять гріхи під впливом диявола, хто стрімко просувається до пекла?

Я прошу вас не чинити гріхів, але коритися Божому наказу, свідчачи про себе як про дорогоцінне дитя Боже. Коли ви робите так, ви швидше отримуватимете відповідь на всі ваші молитви, і станете істинною дитиною Божою, а зрештою ви увійдете у славетний Новий Єрусалим і житимете у ньому. Ви також отримаєте владу і силу проганяти темряву від тих, хто ще не знає істини, ще чинить гріхи і стає рабом диявола. Вам буде дано право привести їх до Бога.

Бажаю, щоби ви були істинним дитям Божим, отримали відповіді на всі свої молитви і прохання, прославляли Його і визволяли незкіченну кількість людей від шляху смерті, щоби ви дістали Божої слави, сяючої як сонце на небі.

Злі духи мають бути ув'язненими у безодні

У тлумачному словнику термін «безодня» означає «глибоке провалля», «прірву, що не має дна». У Біблійному сенсі безодня – це найглибша та найнижча частина пекла. Вона приготована тільки для злих духів, котрі неможливо виховати.

І бачив я Ангола, що сходив із неба, що мав ключа від безодні, і кайдани великі в руці своїй. І схопив він змія, вужа стародавнього, що диявол він і сатана, і зв'язав його на тисячу років, та й кинув його до безодні, і замкнув його, і печатку над ним поклав, щоб народи не зводив уже, аж поки не скінчиться тисяча років. А по цьому він розв'язаний буде на короткий час (Об'явлення 20:1-3).

Тут подане описання часу до кінця семи років великого горя. Після пришестя Ісуса Христа на протязі семи років світом управлятимуть злі духи. У цей період відбудеться Третя світова війна, та інші катастрофи і нещастя охоплять весь світ.

Після великого горя наступить тисячолітнє царство, під час якого злі духи будуть ув'язнені у безодні. До кінця тисячолітнього царства злі духи будуть визволені на короткий термін, а коли закінчиться суд великого білого престолу, вони знову будуть зачинені у безодні, але на цей раз навічно. Люципер і його служителі управляють світом темряви, але після суду небесами і пеклом управлятиме тільки Бог.

Злі духи – це тільки знаряддя для виховання людства

Які види покарань у безодні отримають злі духи, котрі втратили всю владу і авторитет?

Перед тим, як ми рушимо далі, пам'ятайте, що злі духи служать та існують тільки як знаряддя для виховання людства. Тоді чому Бог виховує людей на землі незважаючи на те, що на небесах існує незчисленна кількість небесних ангелів і воїнів? Це тому що Бог бажає бачити там істинних дітей Своїх, з котрими Він може розділити Свою любов.

Дозвольте навести вам приклад. Протягом історії Кореї знать завжди тримала багато слуг для домашнього господарства. Слуги повинні були коритися своєму хазяїну незалежно від його наказів. Тепер господар має блудних синів і дочок, які не коряться йому, але роблять те, що їм подобається. Чи це означає, що господар любитиме своїх покірних слуг більше, ніж блудних дітей? Він не може не любити своїх дітей, хоча вони, можливо, не відрізняються покорою.

Так само Бог. Він любить людей, яких Він створив за Своїм

образом та подобою, незалежно від того, скільки Він має покірних ангелів та небесних воїнів. Небесне воїнство і ангели більше схожі на роботів, котрі роблять лише те, що їм говорять. Отже вони не можуть розділяти істинну любов з Богом.

Звичайно не можна стверджувати, що ангели і роботи – це одне і те ж в усіх аспектах. З одного боку роботи роблять тільки те, що їм говорять, не мають свободи волі, нічого не відчувають. З іншого боку, подібно людям, ангелам знайомі почуття радості і горя.

Коли ви відчуваєте радість або горе, ангели не можуть відчувати те саме, вони лише знають, що відчуває ви. Отже коли ви прославляєте Бога, ангели прославляють Бога разом з вами. Коли ви танцюєте, щоби прославити Бога, вони також танцюватимуть і гратимуть на музичних інструментах. Ця особливість відрізняє їх від роботів. Однак ангели і роботи «схожі» у тому, що вони не мають свободи волі і виконують лише те, що їм говорять. Вони використовуються у якості знарядь або інструментів.

Подібно до ангелів, злі духи – всього лише знаряддя, яке використовується для виховання людства. Вони схожі на машини, котрі не відрізняють добро від зла. Вони створені для особливої цілі і використовуються для виконання лихих намірів.

Злі духи ув'язнені у безодні

Закон духовного світу говорить: «А заплата за гріх –

смерть», а також: «Що тільки людина посіє, те саме й пожне». Згідно цьому закону після великого суду душі у Нижньому шеолі страждатимуть у вогняному озері, або озері, що горить сіркою. Це тому що вони власноруч обрали гріх, коли зрощувалися на цій землі.

Злі духи, окрім демонів, не підпадають під виховання людства. Тож навіть після суду злі духи ув'язнюються у темній та холодній безодні і залишаються там, як мотлох. Це найпридатніше покарання для них.

Престол Бога знаходиться посередині, на вершині небес. З іншого боку злі духи зачинені у безодні – найглибшому та найтемнішому місці пекла. Вони не можуть зручно пересуватися у темній і холодній безодні, ніби вони придавлені величезними каменями, злі духи навіки перебуватимуть у нерухомому положенні.

Ці злі духи колись жили на небесах і виконували почесні обов'язки. Після свого падіння грішні ангели по-своєму використали авторитет у світі темряви. Однак вони були переможені у війні, яку вони розпалили проти Бога, і все скінчилося. Вони втратили всю славу і цінність як небесні створіння. У безодні їхні крила будуть розірвані. Це символізуватиме прокляття і немилість.

Дух – це вічна істота. Вона безсмертна. Злий дух у безодні не може поворухнути навіть пальцем, в нього немає почуттів, волі та сили. Злі духи подібні до вимкнених машин, або викинутих ляльок, вони навіть здаються замороженими.

Деякі посланці пекла залишаться у Нижньому шеолі

Але для цього правила існує виключення. Як говорилося вище, діти до дванадцяти років залишаться у Нижньому шеолі навіть після суду. Таким чином, для того, щоби продовжилися покарання для таких дітей, необхідне керівництво з боку посланців пекла.

Посланці пекла не ув'язнюються у безодні, але залишаються у Нижньому шеолі. Вони схожі на роботів. Перед судом вони інколи будуть сміятися та радіти від вигляду покатованих душ, але це не тому що вони самі мають емоції. Це відбувалося під контролем Люципера, який мав характерні риси людини, він відправляв посланців до пекла, щоби ті проявляли почуття. Однак після суду вони більше не залишатимуться під контролем Люципера, але виконуватимуть свою роботу без будь-яких почуттів та емоцій, роблячи все як машини.

Де закінчать своє існування демони?

На відміну від ангелів, драконів та їхніх послідовніків, котрі були створені до створення всесвіту, демони – це не духовні істоти. Колись вони були людьми, створеними із пороху земного, і мали дух, душу і тіло, як ми з вами. Серед тих, хто колись виховувався у цьому світі, але помер, не отримавши спасіння, є ті, кого випустили у цей світ за певних обставин. Це демони.

Тож як стають демонами? Існує чотири способи, через які люди стають демонами.

Перший спосіб: люди продали свій дух і душі Сатані.

Люди, які займаються ворожбою і шукають допомоги і сили від злих духів для задоволення своєї пожадливості і бажань, наприклад, чаклуни, після смерті можуть стати демонами.

Другий спосіб: люди через власну гріховність покінчили життя самогубством.

Якщо люди самостійно позбавили себе життя через банкрутство, або з інших причин, вони проігнорували Божу верховну владу над усім життям і можуть стати демонами. Однак це не стосується тих, хто пожертвував своїм життям за свою країну, або допоміг безпомічним. Якщо людина, яка сама не вміла плавати, стрибнула у воду для того, щоби врятувати іншу людину ціною власного життя, вона це зробила заради доброї і благородної цілі.

Третій спосіб: люди колись повірили у Бога, але згодом зреклися Його і продали свою віру.

Деякі віруючі дорікають і заважають Богові, коли стикаються з великими труднощами, або втрачають когось або щось для них дуже дороге. Гарним прикладом є Чарльз Дарвін – засновник теорії еволюції. Дарвін колись вірив у Бога-Творця. Коли його улюблена дочка передчасно померла, Дарвін зрікся Бога і виступив проти Нього, започаткувавши теорію еволюції. Такі люди чинять гріх, знов і знов розпинаючи Ісуса Христа – нашого Спасителя (Послання до євреїв 6:6).

Четвертий і останній спосіб: – люди, які заважають роботі Святого Духа, зневажаючи Його, хоча вірять у Бога і знають істину (Євангеліє від Матвія 12:31-32; Євангеліє від Луки 12:10).

У наш час багато людей, котрі явно сповідують свою віру в Бога, заважають роботі Святого Духа та зневажають Його. У той самий час, коли ці люди бачать незчисленні справи Бога, вони все-таки засуджують і звинувачують інших, заважають роботі Святого Духа і намагаються зруйнувати церкви, які проводять Його роботу. Крім того, якщо вони роблять це, маючи посади лідерів, їхні гріхи вважаються ще серйознішими.

Після смерті ці грішники потрапляють до Нижнього шеолу і отримують третій або четвертий ступінь покарання. Правда в тому, що деякі із цих душ стають демонами і приходять у цей світ. За більшою інформацією про демонів звертайтеся, будь ласка, до серії книг, яка має назву «Світ злих духів».

Демони, якими управляє диявол

До суду Люципер має повноваження управляти світом темряви і Нижнім шеолом. Отже він має силу обирати з

Нижнього шеолу окремі душі, більш придатні для таких справ, і використовувати їх у цьому світі як демонів.

Як тільки ці душі будуть обрані і визволені у світ, не схожий на той, який вони мали за свого життя, вони вже не матимуть власної волі або почуттів. Їми управляє Люципер. Вони служать лише інструментами для виконання цілей світу та злих духів.

Демони спокушають людей на землі любити світ. Деякі з найбільш жорстоких гріхів та злочинів сьогодення – це не випадковий збіг обставин. Можливо, вони відбуваються завдяки роботі демонів відповідно до бажання Люципера. Демони входять у людей за законом духовного світу і скеровують їх до пекла. Інколи демони роблять людей каліками і приносять їм хвороби. Звичайно, це не означає, що кожний випадок деформації тіла або хвороби пов'язаний з демонами, але деякі випадки з'являються саме завдяки роботі демонів. У Біблії ми можемо прочитати про біснуватого хлопця, котрий був німий з дитинства (Євангеліє від Марка 9:17-24), та про жінку, яка вісімнадцять років мала духа немочі і була скорчена, і не могла ніяк випростатись (Євангеліє від Луки 13:10-13).

Відповідно до бажання Люципера демонам було призначено виконувати найпростіші обов'язки у світі темряви, але вони не будуть ув'язненими у безодні після суду. Оскільки демони колись були людьми і зрощувались на цій землі разом із тими, хто отримав третій та четвертий ступінь покарання у Нижньому шеолі, після суду великого білого престолу вони будуть вкинені в озеро, що горить сіркою.

Злі духи бояться безодні

Дехто з вас, хто пам'ятає слова із Біблії, може виявити якусь. В Євангелії від Луки 8 описаний епізод, коли Ісус зустрічається з біснуватим чоловіком. Коли Він наказав демону вийти з чоловіка, демон закричав: *«Що до мене Тобі, Ісусе, Сину Бога Всевишнього? Благаю Тебе, – не муч мене!»* (Євангеліє від Луки 8:28) і закликав Ісуса, щоби Той не відсилав його у безодню.

Демонам призначено бути вкинутими в озеро, що горить сіркою, але не у безодню. Тоді чому демон благав Ісуса не посилати його у безодню? Як згадувалося раніше демони колись були людьми і використовувалися у якості інструментів для виховання людства за бажанням Люцифера. Тому коли демон заговорив з Ісусом через того чоловіка, він виражав думку злих духів, які контролювали його, але не свою власну. Злі духи, сковані Люцифером, знають, що коли завершиться Боже провидіння у вихованні людства, вони втратять всю свою владу і силу і навіки будуть ув'язнені у безодні. Страх майбутнього чітко проявився у благанні демона.

Крім того, демон був використаний як інструмент, щоби злі духи також боялися свого кінця, який міг бути записаний у Біблії.

Чому демони не люблять воду і вогонь?

На початку мого служіння Святий Дух працював у моїй церкві з такою силою, що сліпі прозрівали, німі починали говорити, хворі на поліомієліт починали ходити, а злі духи виходили геть. Ця звістка поширювалася по всій країні. Приходило багато хворих людей. У той час я особисто молився за біснуватих, і демони, як духовні істоти заздалегідь знали, що їх виженуть. Інколи демони благали мене: «Будь ласка, не виганяй нас у воду у вогонь та!» Звичайно я не погоджувався.

Тоді чому демони ненавидять воду і вогонь? У Біблії розповідається про їхню образу на вогонь і воду. Коли я молився знову, щоби отримати откровення стосовно цього, Бог сказав мені, що духовно вода означає життя, а саме – Слово Бога, Котрий Сам є Світлом. До того ж вогонь є символом Святого Духа. Таким чином демони, котрі являють собою темряву, втратять свою силу і авторитет, коли опиняться у вогні або у воді.

В Євангелії від Марка 5 описується епізод, де Ісус наказує демонам на ймення «Легіон» вийти із чоловіка. І вони благають Його послати їх у свиней (Євангеліє від Марка 5:12). Ісус дозволив їм, і злі духи вийшли із чоловіка і увійшли у свиней. Гурт із двох тисяч свиней кинувся з кручі до моря, і вони потопилися в морі. Ісус зробив так для того, щоби не дати демонам працювати на Люципера у майбутньому. Однак це не означає, що демони потонули, вони лише втратили свою силу. Тому Ісус говорить нам: *«А коли дух нечистий виходить із людини, то блукає місцями безвідними, відпочинку шукаючи, та не знаходить»* (Євангеліє від Матвія 12:43).

Діти Божі повинні бути знайомими із духовним світом

для того, щоби проявляти Божу силу. Демони тремтять від страху, якщо ви виганяєте їх, маючи повні знання про духовний світ. Проте вони не будуть тремтіти, і навіть не вийдуть, якщо ви просто вимовите: «Ти, демоне, виходь! Іди у воду! Іди у вогонь!» не маючи духовного розуміння.

Люципер щосили намагається встановити своє царство

Наш Бог люблячий і справедливий. Незалежно від того, якими милосердними і великодушними можуть бути царі цього світу, вони не можуть бути милосердними і великодушними завжди. Коли у країні є злодії і убивці, цар повинен видати наказ спіймати і покарати їх відповідно до закону країни, щоби підтримувати спокій і безпеку для народу. Навіть коли його улюблений син або його народ чинять серйозні злочини, наприклад, готують зраду, цар не має іншого вибору і карає їх відповідно до закону.

Також любов Бога – це така любов, яка узгоджується з суворим наказом духовного світу. Бог дуже любив Люципера перед тим, як той зрадив його і навіть після зради Бог дав Люциперу повну владу над темрявою, але Люципер отримає єдину нагороду – увязнення у безодні. Оскільки Люциперу це відомо, він щосили намагається зміцнити своє царство і утримуватиме його. Для цього Люципер убив багато пророків Божих дві тисячі років тому. Дві тисячі років тому, коли Люципер дізнався про народження Ісуса, він намагався запобігти заснуванню Божого Царства, щоби вічно керувати своїм царством темряви, він спробував вбити Ісуса через Царя Ірода. Після того, як Ірода спровокував сатана, він віддав наказ вбити всіх хлопчиків у тій землі від народження до двох років (Євангеліє від Матвія 2:13-18).

Крім того, протягом останніх двох тисяч років Люципер завжди намагався знищити та вбити будь-кого, хто проявляв дивну силу Божу. Однак Люципер ніколи не зможе перемогти Бога чи перевершити Його мудрість. Він знайде свій кінець лише у безодні.

Люблячий Бог чекає і дає нам можливість покаятися

Всі люди на землі неодмінно судитимуться відповідно до їхніх справ. За несправедливість їх очікують прокляття і покарання, а за добро – благословення і слава. Однак Бог, Який є любов, не вкидає негайно у пекло людей, які тільки що вчинили гріх. Він терпляче чекає, коли люди покаються, як записано у 2 Посланні Петра 3:8-9: *«Нехай же одне це не буде заховане від вас, улюблені, що в Господа один день немов тисяча років, а тисяча років немов один день! Не бариться Господь із обітницею, як деякі вважають це барінням, але вам довготерпить, бо не хоче, щоб хто загинув, але щоб усі навернулися до каяття»*. Це – любов Бога, Котрий бажає, щоби всі люди отримали спасіння.

Завдяки цій книзі про пекло ви повинні запам'ятати, що Бог був також терплячим і чекав на всіх, хто був покараний у Нижньому шеолі. Бог любові плаче за душами, створеними за Його образом і подобою, котрі тепер страждають і страждатимуть вічно.

Незважаючи на Боже терпіння і любов, якщо люди не визнають Євангеліє до кінця або стверджують, що вірять, але продовжують грішити, вони втратять всі можливості для спасіння і потраплять до пекла.

Тому-то ми, віруючі, повинні завжди розповсюджувати Євангеліє незалежно від своїх можливостей. Припустимо, у вашому домі сталася велика пожежа, коли вас не було вдома. Коли ви повернулися, будинок був повністю охоплений вогнем, а діти знаходилися всередині. Хіба ви не будете намагатися зробити все можливе для того, щоби визволити своїх дітей? Серце Бога розбивається ще більше, коли Він бачить людей, створених за Його образом і подобою, котрі чинять гріхи і потрапляють у вічне полум'я пекла. Або чи можете ви уявити, як радіє Бог, коли бачить, як люди ведуть інших до спасіння?

Ви маєте розуміти серце Бога, Котрий любить всіх людей і сумує за тими, хто іде дорогою до пекла. Ви також маєте зрозуміти серце Ісуса Христа, Котрий не хоче втратити жодної людини. Із прочитаного ви дізналися про жорстокість і страждання пекла. Тож тепер ви можете зрозуміти, чому Бог так радіє через спасіння людей. Сподіваюся, що ви зрозумієте і відчуєте серце Бога, розповсюджуватимете Добру Новину і вестимете людей до небес.

Покарання у пеклі після великого суду

Розділ 9

Чому Богу любові довелося приготувати пекло?

Божа любов і терпіння

Чому Богу любові довелося приготувати пекло?

Бог бажає, щоби всі люди отримали спасіння

Сміливо поширюйте Євангеліє

що хоче, щоб усі люди спаслися,
і прийшли до пізнання правди.
- 1 Тимофію 2:4 -

У руці Своїй має Він віячку,
і перечистить Свій тік:
пшеницю Свою Він збере до засіків,
а полову попалить ув огні невгасимім.
- Від Матвія 3:12 -

Приблизно дві тисячі років тому Ісус ходив по містах та селищах Ізраїлю, проповідуючи Добру Новину і зціляючи від всякої хвороби. Коли Ісус зустрічався з людьми, Він співчував їм, бо вони були стурбовані і безпорадні, як вівці без пастуха (Євангеліє від Матвія 9:36). Було безліч людей, котрих необхідно було спасти, але нікому було наглядати за ними. Навіть якщо би Ісус старанно обходив селища і відвідував людей, Він не міг би приділити увагу кожному особисто.

В Євангелії від Матвія 9:37-38 Ісус промовив, звернувшись до Своїх учнів: *«Жниво справді велике, та робітників мало; тож благайте Господаря жнива, щоб на жниво Своє Він робітників вислав»*. Дуже багато потрібно робітників, які би вчили незліченну кількість людей істині, маючи при цьому палаючу любов, хто би замість Ісуса відганяв від них темряву.

Нині дуже багато людей стали рабами гріха, страждають від хвороб, бідності, горя і прямують до пекла. І все це через те, що вони не знають істини. Ми повинні розуміти серце Ісуса, Котрий шукає робітників для збору врожаю, щоби ви не просто отримали спасіння, але й могли звернутися до Нього: «Ось я! Пошли мене, Господь».

Божа любов і терпіння

Батьки дуже любили свого сина. Одного разу син попросив своїх батьків віддати йому долю власності. Вони виконали його прохання, хоча не зовсім розуміли свого сина, котрому мали заповісти все майно. Потім син поїхав за кордон, взявши з собою свою долю. Незважаючи на свої надії і амбіції, які він мав напочатку, він віддався задоволенням цього світу і зрештою витратив все своє багатство. Крім того, країна, де він перебував, занепала, тож він став ще біднішим. Одного дня хтось приніс батькам звістку про їхнього сина і розповів, що їхній син став схожий на жебрака через непутяще життя, і тепер люди зневажають його.

Як відчули себе батьки? Можливо спочатку вони гнівалися, але потім почали турбуватися про нього, думаючи: «Ми прощаємо тебе, синку. Тільки повернись швидше додому!»

Бог приймає дітей, які повертаються із покаянням

Історія про цих батьків записана в Євангелії від Луки 15. Батько, чий син вирушив у далеку країну, кожного дня чекав на свого сина біля воріт. Батько так сильно чекав повернення свого сина, що помітив його ще здалеку, підбіг до сина і міцно обійняв його. Батько дав синові найкращий одяг і взуття, заколов відгодоване теля і зробив свято на його честь.

Таким є Бог. Він не тільки прощає всіх, хто щиро кається, незалежно від кількості та важкості вчинених гріхів, але й утішає їх та дозволяє ставати кращими. Коли одна людина спасається вірою, Бог радіє і святкує цю подію разом із небесним воїнством і ангелами. Наш милостивий Бог – це любов. Як батько, який чекає свого сина, Він палко бажає, щоби всі люди відвернулися від гріха і отримали спасіння.

Бог любові і прощення

Читаючи 3 главу Книги пророка Осії, ви можете побачити велику милість і співчуття нашого Бога, Який завжди прощає і любить навіть грішників.

Одного дня Бог наказав Осії одружитися з перелюбною жінкою. Осія послухався і одружився з Гомер. Однак через декілька місяців Гомер не витримала і покохала іншого чоловіка. Крім того, їй платили як повії, і вона пішла до іншого. Тоді Бог сказав Осії: *«Іди, покохай жінку, кохану приятелем, але перелюбну, подібно, як любить Господь Ізраїлевих синів, а вони звертаються до інших богів, і кохаються у виноградних коржиках»* (Книга пророка Осії 3:1). Бог наказав Осії любити свою дружину, яка зрадила його і пішла з дому, щоби кохатися з іншим чоловіком. Осія повернув Гомер, заплативши п'ятнадцять шеклів срібла й хомер ячменю та летех ячменю (Книга пророка Осії 3:2). Скільки людей можуть зробити так? Після того, як Осія повернув Гомер, він сказав їй: *«Сиди довгі дні в мене, не будь блудлива, і не будь нічия, також і я буду такий до тебе»* (Книга пророка Осії 3:3). Він не звинувачував її, не проявляв ненависть, але простив її з любов'ю і благав ніколи більше не кидати його.

Те, що зробив Осія, земним людям здається безглуздим. Однак його серце символізує серце Бога. Так само, як Осія одружився на перелюбній жінці, Бог спочатку полюбив нас, тих, хто покинули Його, і навіть визволив нас.

Після непокори Адама гріх увійшов у людей. Подібно до

Ґомер, вони не були гідні любові Бога. Однак Бог все-таки любив їх і віддав їм Свого єдиного Сина – Ісуса, якого розіп'яли. Ісуса шмагали, одягали на голову терновий вінець, вбивали цвяхи у руки та ноги. Все для того, щоби Він міг спасти нас. Навіть коли Ісус помирав на хресті, Він молився: «Отче, прости їм». Так само як ми спілкуємося з людьми, Ісус просить за всіх грішників перед престолом нашого Бога на небесах.

Однак багатьом людям незнайома Божа любов і милість. Натомість вони люблять світ і продовжують грішити, прислухаючись до бажань плоті. Деякі живуть у темряві, бо вони не знають істини. Інші знають істину, але з плином часу їхні серця змінюються, і вони знову грішать. Відколи люди отримали спасіння, вони повинні освячувати себе щоденно. Однак їхні серця стають розбещеними і зіпсованими на відміну від часів, коли вони вперше отримали Святого Духа. Тому ці люди чинять гріх, від якого вони колись позбавились.

Бог бажає прощати і любити навіть тих людей, котрі вчинили гріх і любили цей світ. Подібно до Осії, котрий привів назад перелюбну дружину, котра кохалася з іншим чоловіком, Бог чекає на повернення і покаяння Його грішних дітей.

Тому ми маємо розуміти серце Бога, Котрий розповів нам про пекло. Бог не бажає налякати нас; Він лише хоче, щоби ми дізналися про жах пекла, щиро розкаялися і отримали спасіння. Послання про пекло – це спосіб для Бога висловити Свою палку любов до нас. Ми повинні також розуміти, чому Богу любові довелося приготувати пекло, щоби ми краще зрозуміли Його серце і поширювали Добру Новину іншим людям, щоби спасти їх від вічного покарання.

Чому Богу любові довелося приготувати пекло?

У Книзі Буття 2:7 написано: *«І створив Господь Бог людину з пороху земного. І дихання життя вдихнув у ніздрі її, – і стала людина живою душею».*

У 1983 році, через рік після того, як відкрилися двері моєї церкви, Бог дав мені видіння, у якому змальовувалося створення Адама. З любов'ю і турботою Бог радісно ліпив Адама з глини, ніби мала дитина бавиться зі своєю улюбленою іграшкою. Після того, як Бог ніжно виліпив Адама, Він вдихнув у його ніздрі дихання життя. Оскільки ми отримаємо дихання життя від Бога, Котрий є Дух, наш дух і душа – безсмертні. Плоть, зроблена із пороху земного, загине і перетвориться на жменю пороху, але наш дух і душа житимуть вічно.

Тому Богу довелося приготувати місця для цих вічних духів, де вони могли би жити вічно: небеса і пекло. Як написано у 2 Посланні Петра 2:9-10 написано про те, що люди, які у своєму житті боялися Бога, отримають спасіння і потраплять на небеса, але неправедні отримають покарання у пеклі.

То вміє Господь рятувати побожних від

спокуси, а неправедних берегти на день суду для кари, а надто тих, хто ходить за нечистими пожадливостями тіла та погорджує владою; зухвалі свавільці, що не бояться зневажати слави.

З одного боку Божі діти житимуть під Його вічним царюванням на небесах. Таким чином небеса завжди сповнені радості і щастя. З іншого боку пекло – це місце для тих, хто не прийняв Божої любові, але навпаки зрадив Його і став рабом гріха. Вони отримають суворе покарання у пеклі. Тоді чому Богу любові довелося приготувати пекло?

Бог відділяє пшеницю від полови

Так саме, як господар сіє зерно і обробляє його, Бог зрощує людей у цьому світі для того, щоби отримати істинних дітей. Коли приходить час збирати врожай, Він відділяє пшеницю від полови, відсилаючи пшеницю на небеса, а полову – у пекло.

У руці Своїй має Він віячку, і перечистить Свій тік: пшеницю Свою Він збере до засіків, а полову попалить ув огні невгасимім (Євангеліє від Матвія 3:12).

«Пшениця» тут символізує всіх тих, хто приймає Ісуса Христа, намагається бути схожим на Бога і живе за Його Словом. «Полова» означає тих людей, котрі не приймають

Ісуса Христа як Спасителя, але люблять світ і чинять гріх.

Коли господар збере пшеницю до засіків, а полову спалить, або використає як добриво для майбутнього врожаю, Бог також збере пшеницю на небеса, а полову вкине у пекло.

Бог бажає пересвідчитися, що нам відомо про існування Нижнього шеолу і пекла. Лава під земною корою та вогонь служать для нагадування про вічні покарання у пеклі. Якщо би у цьому світі не було вогню або сірки, нам би важко було навіть уявити жахливі місця Нижнього шеолу та пекла. Бог створив це, тому що це необхідно для зрощення людства.

Чому «полова» буде вкинута у вогонь пекла?

Дехто може запитати: «Чому Бог любові приготував пекло? Чому він не може дозволити, щоби полова також потрапила на небеса?»

Красу небес неможливо описати або уявити. Бог, Господар небес, – святий, не має жодних вад і дефектів. Отже тільки ті, хто виконують Його волю, можуть увійти до небес (Євангеліє від Матвія 7:21). Якщо би нечестивці потрапляли на небеса разом із людьми, сповненими любові і доброти, життя на небесах було б надто важким і незручним, і прекрасні небеса були б спотворені. Тому Богу довелося приготувати пекло, щоби відділити пшеницю від полови.

Без пекла праведні і грішні були б змушені жити разом. Якщо б це справді було так, небеса стали би небесами темряви, сповненими пронизливим криком, плачем і стражданням. Однак ціль Божого зрощення людства полягає у тому, щоби створити таке місце. Небеса – це місце, де немає сліз, горя, катувань, хвороб. Де Бог може вічно ділитися Своєю великою любов'ю зі Своїми дітьми. Тому пекло необхідне для того, щоби назавжди ув'язнити грішних і нікчемних людей – полову.

У Посланні до Римлян 6:16 написано: *«Хіба ви не знаєте, що кому віддаєте себе за рабів на послух, то ви й раби того, кого слухаєтесь, або гріха на смерть, або послуху на праведність?»* Навіть якщо люди не знали цього, всі люди, які не живуть за Словом Божим, – раби гріха та нашого ворога, сатани і диявола. На цій землі їми управляє ворог, сатана і диявол; після смерті вони потраплять до рук злих духів, що знаходяться у пеклі, і отримають всі види покарань.

Бог нагороджує кожного відповідно до його справ

Наш Бог – не тільки Бог любові, милості і добра, але також справедливий Бог, Він нагороджує кожного з нас відповідно до наших справ. У Посланні до галатів 6:7-8 написано:

> *Не обманюйтеся, Бог осміяний бути не може. Бо що тільки людина посіє, те саме й пожне! Бо хто сіє для власного тіла свого, той від тіла тління пожне. А хто сіє для духа, той від духа*

пожне життя вічне.

З одного боку, коли ви сієте молитви і прославляння, ви отримаєте можливість жити відповідно до Слова Божого, маючи силу з небес, і ваш дух і душа також поліпшаться. Коли ви сієте, вірно служачи, всі ваші складові: дух, душа і тіло, зміцняться. Коли ви сієте гроші, віддаючи десяту частину, ви будете більше отримувати фінансові благословення, так що ви зможете більше сіяти для Божого Царства і праведності. З іншого боку, коли ви сієте зло, ви отримаєте за це таку саму кількість зла. Навіть якщо ви віруюча людина, якщо ви сієте гріхи та беззаконня, вас будуть спіткати випробування. Тому я сподіваюся, що ви будете обізнаними і дізнаєтеся про цей факт з допомогою Святого Духа, щоби ви могли отримати вічне життя.

В Євангелії від Івана 5:28-29 Ісус говорить нам: *«Не дивуйтесь цьому, бо надходить година, коли всі, хто в гробах, Його голос почують, і повиходять ті, що чинили добро, на воскресення життя, а котрі зло чинили, на воскресення Суду».* В Євангелії від Матвія 16:27 Ісус обіцяв нам: *«Бо прийде Син Людський у славі Свого Отця з Анголами Своїми, і тоді віддасть кожному згідно з ділами його».*

З непогрішною точністю через суд Бог дає відповідні нагороди і призначає відповідні покарання кожному відповідно до його справ. Чи потрапить людина на небеса, або у пекло? Це не залежить від Бога, але від кожної особи, яка має свободу волі. Кожна людина пожне те, що посіяла.

Бог бажає, щоби всі люди отримали спасіння

Бог вважає людину, яку Він створив за Своїм образом і подобою, важливішою за цілий всесвіт. Тому Бог бажає, щоби всі люди повірили в Ісуса Христа і отримали спасіння.

Бог ще більше радіє, коли кається один грішник

Маючи серце пастуха, котрий шукає по нерівним дорогам одну загублену вівцю, хоча всі інші дев'яносто дев'ять перебувають у безпеці (Євангеліє від Луки 15:4-7), Бог радіє більше за одного грішника, котрий покаявся, ніж за дев'яносто дев'ять праведників, котрим каятися не треба.

Псаломщик написав у Псалмі 102:12-13: *«Як далекий від заходу схід, так Він віддалив від нас наші провини! Як жалує батько дітей, так Господь пожалівся над тими, хто боїться Його»*. Бог також обіцяв у Книзі пророка Ісаї 1:18: *«Прийдіть, і будемо правуватися, – говорить Господь: коли ваші гріхи будуть як кармазин, – стануть білі, мов сніг; якщо будуть червоні, немов багряниця, – то стануть мов вовна вони!»*

Бог – це світло, і в Ньому немає темряви. Бог – добро, Він ненавидить гріх, але коли грішник приходить до Нього і кається, Бог більше не згадує його гріхи. Навпаки Бог обіймає і благословляє грішника у Своєму безмежному прощенні і теплій любові.

Якщо ви хоч трохи розумієте Божу дивовижну любов, ви повинні ставитися до кожної людини зі щирою любов'ю. Ви повинні співчувати тим, хто прямує у вогняне пекло, щиро молитися за них, ділитися з ними Доброю Новиною, відвідувати тих, хто має слабку віру, зміцнюючи її, щоби вони могли стояти твердо.

Якщо ви не каєтеся

У 1 Посланні до Тимофія 2:4 написано: *«[Бог] хоче, щоб усі люди спаслися, і прийшли до пізнання правди"*. Бог сильно бажає, щоби всі люди пізнали Його, отримали спасіння і потрапили до Нього. Бог палко бажає спасіння ще більшої кількості людей, він чекає поки ті, хто знаходиться у темряві і гріху, звернуться до Нього.

Бог надав людям безліч можливостей для покаяння, і навіть віддав Свого єдиного Сина на хресну смерть. Але якщо ці люди помруть без каяття, їх чекає тільки одне. За законом духовного світу вони пожнуть те, що посіяли, отримають відплату за свої справи, і наприкінці потраплять у пекло.

Сподіваюся, ви зрозумієте дивовижну любов і справедливість Бога, щоби мати можливість прийняти Ісуса Христа і отримати прощення. До того ж поводьтеся і живіть за волею Бога, щоби ви могли сяяти, як сонце, у небесах.

Сміливо поширюйте Євангеліє

Ті, хто знають і щиро вірять у існування небес та пекла, не можуть не займатися євангелізацією, тому що вони знають серце Бога, котрий бажає, щоби всі люди отримали спасіння.

Поширювати Добру Новину через людей

У Посланні до Римлян 10:14-15 розповідається про те, що Бог прославляє тих, хто поширює Добру Новину:

Але як покличуть Того, в Кого не ввірували? А як увірують у Того, що про Нього не чули? А як почують без проповідника? І як будуть проповідувати, коли не будуть послані? Як написано: Які гарні ноги благовісників миру, благовісників добра.

У 2 Книзі Царів 5 записана історія про Наамана, начальника війська сирійського царя Арама. Цар вважав Наамана високою і благородною людиною, тому що він декілька разів рятував країну. Він здобув славу і багатство, йому нічого не бракувало. Однак Наамана був хворий на проказу. У ті часи проказа була невиліковною хворобою і вважалася прокляттям небес, тож доблесть і багатство були для нього марними. Навіть цар не міг йому допомогти.

Чи можете ви уявити, як почував себе Нааман, дивлячись на своє колись здорове тіло, яке день за днем гнило і розкладалося? Крім того, навіть члени його власної родини трималися на відстані від Наамана, боючись заразитися. Нааман почував себе безсилим і безпомічним.

Однак у Бога був гарний план для Наамана, начальника поганського війська. У його жінки була служниця, яку взято було у полон в Ізраїлі.

Нааман зцілився після того, як послухав свою служницю

Служниця, мала дівчинка, знала, як можна владнати проблему Наамана. Дівчинка вірила, що Єлисей, пророк із Самарії, може вилікувати її господаря. Вона сміливо передала своєму панові новину про силу Бога, що виходить через Єлисея. Вона не змовчала, тому що вірила всім серцем. Після почутого Нааман приготував жертвоприношення зі своєю найбільшою щирістю і вирушив до пророка.

Як ви думаєте, що сталося з Нааманом? Він повністю зцілився силою Бога, Котрий був з Єлисеєм. Він навіть сповідався: *«Оце пізнав я, що на всій землі нема Бога, а тільки в Ізраїлі!»* (в. 15) Нааман вилікувався не тільки від своєї хвороби, але й вирішив духовну проблему.

Про цю історія розповідає Ісус в Євангелії від Луки 4:27: *«І багато було прокажених за Єлисея пророка в Ізраїлі, але жаден із них не очистився, крім Неємана сиріянина».* Чому тільки Нааман, поганин, зцілився, хоча в Ізраїлі було багато прокажених? Тому що серце Наамана було істинно добрим і досить скромним, щоби вислухати поради інших людей. Хоча Нааман був поганином, Бог приготував для нього шлях спасіння, тому що він був гарною людиною, вірним полководцем свого царя, слугою, котрий так сильно любив свій народ, що міг з готовністю віддати за нього своє життя.

Однак якщо слуга не розповіла би Нааману про силу Єлисея, він міг загинути, не отримавши зцілення. А найважливіше те, що він би не отримав спасіння. Життя благородного і достойного воїна залежало від слів малої дівчинки.

Сміливо поширюйте Євангеліє

Так само як Нааман, багато людей навкруг вас чекають, коли ви почнете говорити. Навіть у цьому житті вони страждають від багатьох життєвих труднощів і з кожним днем ближче підходять до пекла. Буде дуже шкода, якщо після такого важкого життя на землі вони отримають вічне катування. Тому Божі діти повинні сміливо доносити Євангеліє таким людям.

Бог буде надзвичайно задоволений, коли завдяки силі Господа люди, котрі повинні були померти, отримають життя, а люди, які страждали, стануть вільними. Він також зробить їх успішними і здоровими, промовивши до кожного з них: «Ти – моє дитя, яке оживляє Мій дух». Також Бог допоможе кожному здобути віру достатньо велику, щоби люди могли увійти у славетне місто Новий Єрусалим, де знаходиться престол Бога. Крім того, люди, котрі почули від вас Добру Новину і прийняли Ісуса Христа. Будуть дуже вдячними вам за те, що ви для них зробили.

Якщо люди під час свого життя на землі не здобувають достатньо сильну віру, щоби отримати спасіння, вони ніколи не матимуть «іншого шансу», коли потраплять до пекла. Посеред вічного страждання і нестерпного болю вони можуть лише шкодувати та плакати вічно.

Для того, щоби ви мали можливість почути Євангеліє і прийняли Ісуса Христа, була принесена величезна жертва, були зроблені присвячення багатьох праотців віри, котрих вбивали мечами, котрі стали жертвою голодних лютих звірів, котрі стали мучениками заради проголошення Доброї Новини.

Тоді що ви маєте робити тепер, коли ви знаєте, що спаслися від пекла? Ви повинні зробити все можливе, щоби вивести багато душ із пекла в обійми Господа. У 1 Посланні до коринтян 9:16 апостол Павло з палаючим серцем говорить про свою місію: *«Бо коли я звіщаю Євангелію, то нема чим хвалитись мені, – це бо повинність моя. І горе мені, коли я не звіщаю Євангелії!»*

Я сподіваюся, що ви підете у цей світ з палаючим серцем нашого Господа і спасете багато душ від вічного покарання пекла.

Із цієї книги ви дізналися про вічне, жахливе та жалюгідне місце, яке називається пеклом. Я молюся, щоби ви відчули любов Бога, Котрий не хоче втратити жодну людину, щоби ви підтримували своє християнське життя і звіщали Євангеліє кожному, кому потрібно його почути.

В очах Бога ви дорогоцінніші, ніж цілий світ, важливіші за будь-що у цілому всесвіті, тому що вас створив Бог за власним образом і подобою. Тому ви не повинні ставати рабами гріха, ви не повинні протистояти Богові, щоби потім закінчити своє існування у пеклі, але стати істинним дитям Божим, ходити у світлі, діяти і жити за істиною.

Охороняючи вас сьогодні, Бог втішається так само, як втішався, коли створив Адама. Він бажає, щоби ви мали щире серце, швидко доходили зрілості у вірі і досягали повноти Христа.

В ім'я Господа нашого Ісуса Христа я молюся за те, щоби ви швидше прийняли Ісуса Христа і отримали благословення і владу, як дорогоцінне дитя Боже, щоби ви могли бути сіллю і світлом цьому світові, щоби ви могли привести незліченну кількість людей до спасіння!

Автор:
Доктор Джерок Лі

Доктор Джерок Лі народився у 1943 році у Муані, провінція Джеоннам, Республіка Корея. До тридцяти років на протязі семи років доктор Лі страждав від невиліковних хвороб і мав померти, не маючи надії на одужання. Одного дня навесні 1974 року його сестра привела його до церкви. І коли він став на коліна і помолився Богові, Бог зцілив його від усіх хвороб.

З того моменту, коли доктор Лі пізнав живого Бога через такий чудовий випадок, він щиро полюбив Бога усім серцем. А у 1978 році Бог покликав його на служіння. Джерок Лі палко молився про те, щоби ясно зрозуміти волю Бога та повністю виконати її. У 1982 році він заснував Центральну Церков Манмін у Сеулі, Південна Корея, а також почав виконувати численні Божі справи. У церкві почали відбуватися чудесні зцілення і дива.

У 1986 році доктор Лі отримав духовний сан пастора Щорічної асамблеї християнської церкви Сункюл, Корея. А через чотири роки, у 1990 році, його проповіді почали транслюватися в Австралії, Росії і на Філіпінах. Через деякий час ще більше країн отримали змогу чути радіопрограми завдяки роботі Радіотрансляційної кампанії Далекого Сходу, Широкомовної станції Азії та Християнського радіо мережі Вашингтон.

Через три роки, у 1993, журнал *«Християнський світ»* (США) оголосив Центральну Церкву Манмін однією з «50 найбільших церков світу». Доктор Лі отримав почесний ступінь доктора богослов'я у Коледжі Християнської віри, Флоріда, США. А у 1996 році – ступінь доктора духівництва у Теологічній семінарії Кінгсвей, Айова, США.

З 1993 року доктор Лі керує всесвітньою місією, проводить багато кампаній у Танзанії, Аргентині, Латинській Америці, Місті Балтимор, на Гаваях, у місті Нью-Йорк (США), в Уганді, Японії, Пакистані, Кенії, на Філіппінах, у Гондурасі, Індії, Росії, Німеччині, Перу, Демократичній Республіці Конго, Ізраїлі та Естонії.

У 2002 найбільша християнська газета Кореї назвала Джерок Лі «Всесвітнім пастором» за його роботу у багатьох великий об'єднаних кампаніях, що проводилися за кордоном. Особливо його «Кампанія Нью-Йорк 2006», яка проводилася у Медісон Сквер Гарден, найвідомішій у світі арені, транслювалася для 220 країн світу. Під час «Ізраїльської об'єднаної кампанії 2009», яка проводилася у Міжнародному Центрі Конвенцій в Ізраїлі, доктор Лі сміливо проголосив Ісуса Христа Месією і Спасителем.

Його проповіді транслюються у 176 країнах світу через супутники, у тому числі телебачення ВМХ. Також доктор Джерок Лі потрапив у десятку найвпливовіших християнських лідерів 2009 і 2010 років за версією найпопулярнішого російського журналу «Ін Вікторі» і нового агентства «Крістіан Телеграф» за його могутнє телевізійне служіння і пасторське служіння за кордоном.

З Грудні 2015 року Центральна Церква Манмін налічує більше 120 000 членів. Вона має 10 000 церков-філій в усьому світі, у тому числі 56 домашніх церков-філій, також відправила більше 103 місіонерів у 23 країни світу, у тому числі США, Росію, Німеччину, Канаду, Японію, Китай, Францію, Індію, Кенію та багато інших.

На момент виходу цієї книжки доктор Лі написав 100 книжок, серед яких є бестселери: «Відчути вічне життя до смерті», «Моє життя, моя віра І і ІІ», «Слово про хрест», «Міра віри», «Небеса І і ІІ», «Пекло», «Пробудження Ізраїлю» і «Сила Бога». Його роботи були перекладені більш ніж на 75 мов.

Його статті друкуються на шпальтах видань: «Ганкук Ілбо», «ДжунАн Дейлі», «Чосун Ілбо», «Дон-А Ілбо», «Мунгва Ілбо», «Сеул Шінмун», «Кунгуан Шінмун», «Економічна щоденна газета Кореї», «Вісник Кореї», «Шіса Ньюс» та «Християнська газета».

Доктор Лі є головою багатьох місіонерських організацій та об'єднань. Він – голова Об'єднаної церкви святості Ісуса Христа; незмінний президент Асоціації всесвітньої місії християнського відродження; засновник і голова правління Всесвітньої християнської мережі (ВХМ); засновник і голова правління Всесвітньої мережі християн-лікарів (ВМХЛ); а також засновник і голова правління Міжнародної семінарії Манмін (МСМ).

Інші відомі книжки автора

Небеса I і II

Детальна розповідь про розкішне оточення, в якому житимуть небесні мешканці, а також прекрасний опис різних рівнів небесних царств.

Слово про Хрест

Сильна проповідь пробудження про всіх людей, які перебувають у духовному сні. Із цієї книги ви дізнаєтеся про те, чому Ісус – Єдиний Спаситель, а також про істинну Божу любов.

Міра Віри

Які оселі, вінці та нагороди приготовані для вас на небесах? Ця книга додасть вам мудрості і скерує вас, щоби ви виміряли свою віру, розвивали і вдосконалювали її.

Відчути Вічне Життя до Смерті

Автобіографія-свідоцтво доктора Джерок Лі, який народився знову, уникнув долини смерті і живе зразковим християнським життям.

Моє Життя, Моя Віра (I) і (II)

Автобіографія доктора Джерок Лі дозволяє читачам відчути найприємніший духовний аромат, розповідаючи про життя, що цвіте надмірною любов'ю до Бога посеред чорних хвиль, холодного ярма і найглибшого розпачу.

www.urimbooks.com

www.ingramcontent.com/pod-product-compliance
Lightning Source LLC
LaVergne TN
LVHW041753060526
838201LV00046B/983